ÁNGELES
Y SUS MANIFESTACIONES

La misión de Editorial Vida es proporcionar los recursos necesarios a fin de alcanzar a las personas para Jesucristo y ayudarlas a crecer en su fe.

Edición: *Anna M. Sarduy*
Diseño interior: *Ruth Madrigal Chinchilla*
Diseño de cubierta: *Pixelium Digital Imaging Inc.*

ISBN: 0-8297-3430-9

Categoría: Teología/ Doctrina

Impreso en Estados Unidos de América
Printed in the United States of America

04 05 06 07 08 09 ❖ 06 05 04 03 02 01

CONTENIDO

Prólogo

Existe sin duda en la actualidad una gran proliferación de supuestos llamados «maestros» que pretenden tener la verdadera interpretación de todo lo que tiene que ver con la llamada espiritualidad.

Sin embargo, hace casi veinte siglos, Jesucristo mismo nos advirtió con aquellas palabras que siguen resonando con la misma intensidad y vida que cuando fueron pronunciadas: «Mirad que no seáis engañados».

Las formas en que Satanás ha mostrado su engaño en la humanidad son muy diferentes; y hoy más que nunca esto se multiplica de manera progresiva.

Debemos recordar que el verdadero interés y propósito del enemigo siempre ha sido y será desviar a los humanos de la verdadera voluntad de Dios, alterando todos los fundamentos de enseñanzas y realidades bíblicas, sustituyéndolas por prácticas y hábitos que son contrarios a lo establecido por el mismo Creador.

Concerniente a todo esto hace un tiempo relativamente corto comenzó a invadir el mercado global una infinidad de imágenes, objetos, símbolos, talismanes y otras diferentes formas relativas a los ángeles.

No podemos vivir ajenos a esta realidad ya que esto nos muestra en forma directa y consciente que no es otra cosa que un plan sagaz, perpetrado por las tinieblas, atrapando en sus redes a los incautos que caen en ella.

¿Has notado cómo se ha ido intensificando este tipo de veneración e invocación?

Confiamos con toda seguridad en la veracidad bíblica, donde nos demuestra la existencia de los ángeles como lo leerás en este libro.

Hablaremos de cómo fueron creados por Dios, teniendo una parte interesante en el desarrollo del gobierno y programa de sus designios divinos, llegando a ejecutar diferentes funciones, con distintos rangos dentro de la excelencia de la gran realidad de Dios y su gloria extraordinaria.

Por otra parte, hay promesas impactantes que son mencionadas en la Biblia, acerca de la realidad de una protección divina para todos aquellos que temen a Dios y están dispuestos a obedecerle.

En todas estas verdades escriturales, es notorio que resaltemos que jamás la Biblia nos menciona y nos motiva a pedirles algo a los ángeles, sino por el contrario, dar gracias a Dios por ellos que son enviados como respuesta a la oración que elevamos al Padre Dios, por medio de Jesucristo. Es verdaderamente preocupante, cómo vemos a diario tantos programas de televisión, donde se motiva a la gente a invocar y dialogar con los ángeles, buscando mensajes y comunicación con ellos, de tal manera que llegan a enseñar que para que los ángeles se manifiesten, hay que concentrarse de una forma especial para de esta manera atraerlos y comunicarse con ellos.

En un artículo que mencionaba nuestra amada hermana Carmín Ramos de Puerto Rico, decía con referencia a esto que en un programa de televisión, presentaron una forma más sofisticada de invocar a los ángeles especiales como, Miguel, Gabriel y otros que ellos llaman Rafael y Uriel. Estos daban la impresión que Dios había creado a los ángeles solo para personas de altos recursos económicos, pues según la persona que hablaba, decía que había que tener la imagen de los cuatros ángeles y colocarlos en una cierta posición, colocar una piedra preciosa en la mano, cantar un cántico llamado mantra o prender velas o un incienso, según el ángel que uno invoque y luego hacer las peticiones. La Biblia no nos dice que todo lo que pidamos a los ángeles nos será hecho, todo lo contrario, todo lo que pidiéramos al Padre en el nombre de Nuestro Señor Jesucristo eso nos será concedido.

Pablo nos da esta tremenda advertencia diciendo que Satanás se disfraza como ángel de luz, para engañar, si fuera posible, a los mismos escogidos. Él siempre ha intentado aparentar lo que no es.

En estas prácticas contrarias a los principios establecidos por Dios en la Biblia, enseñan, que según el ángel que uno quiera invocar, se le pueden presentar las necesidades que la persona tenga: paz, creatividad, inteligencia, riquezas, protección; esto equivale algo así como el tener muchas imágenes para pedirle a cada uno algo diferente.

¡Cuidado! no es a los ángeles a quien tienes que pedirle, ni elevar tus oraciones de súplicas, ni tan siquiera pensar en inclinarte a ellos para adorarles.

Recuerda esto, en medio de esta desencadenante marea de engaños y prácticas de angelología distorsionada, mantente dando la gloria solo a Dios por medio del Señor Jesucristo, solo él y nadie más que él es suficiente para llenarlo todo y contestar cada una de tus peticiones y suplir cada una de tus necesidades.

Todo esto que hemos estado observando en los últimos tiempos, no es sino el intento más ingenioso de Satanás, para propagar la angeloidolatría, así como las enseñanzas diversas de la Nueva Era, el humanismo, el espiritualismo, el hinduismo, la reencarnación, las filosofías orientales y mucho más.

Ahora lo están intentando con los ángeles, desviando a los humanos y produciendo en el interior de ellos incredulidad, dudas e interrogantes. Apartándoles del verdadero propósito que emana solo de Jesucristo.

Permíteme que pueda citarte estas palabras como una voz de advertencia a lo que vas a leer:

> *Y el ángel me dijo: Escribe: Bienaventurados los que son llamados a la cena de las bodas del Cordero. Y me dijo: Estas son palabras verdaderas de Dios. Yo me postré a sus pies para adorarle. Y él me dijo: Mira, no lo hagas; yo soy consiervo tuyo, y de tus hermanos que retienen el testimonio de Jesús. Adora a Dios; porque el testimonio de Jesús es el espíritu de la profecía.*
>
> Apocalipsis 19:9-10

Y me dijo: Estas palabras son fieles y verdaderas. Y el Señor, el Dios de los espíritus de los profetas, ha enviado su ángel, para mostrar a sus siervos las cosas que deben suceder pronto.

¡He aquí, vengo pronto! Bienaventurado el que guarda las palabras de la profecía de este libro. Yo Juan soy el que oyó y vio estas cosas. Y después que las hube oído y visto, me postré para adorar a los pies del ángel que me mostraba estas cosas. Pero él me dijo: Mira, no lo hagas; porque yo soy consiervo tuyo, de tus hermanos los profetas, y de los que guardan las palabras de este libro. Adora a Dios. Apocalipsis 22:6-9.

Solo Jesucristo permanece fiel, y porque él vive hoy, sabemos en quién hemos confiado.

Bienvenido a la lectura de este apasionante libro que te llevará a profundizar y entender más sobre el tema de los ángeles y sus manifestaciones divinas.

Introducción

Muchos son los libros que se han escrito acerca de los ángeles, pero el propósito principal de este documento escrito, es traer una clara y profunda descripción de la verdad bíblica y escritural acerca de la creación, existencia, rango, distinción y propósito del ministerio de los ángeles.

Para enseñar acerca de ellos hay que conocer a Dios y su presencia divina, ya que los ángeles están íntimamente unidos a Dios y a su manifestación visible e invisible.

La excelencia de la majestad y del esplendor que acompaña al Rey de reyes, son ellos, la corte celestial, ellos junto con la Deidad encarnada y manifestada en el Verbo de Dios.

En los dos primeros capítulos hacemos notar los errores transmitidos abiertamente a la sociedad, por los supuestos mensajes angelicales. Muchos de ellos son mensajes telepáticos producidos por la influencia de los ángeles caídos, que engañan a las mentes, trayendo mensajes escriturales.

Hoy encontramos que son muchas y variadas las manifestaciones de personas que dicen creer tener apariciones de los supuestos «ángeles» y hablan de los mensajes que creen haber recibido de ellos.

Muchas de estas personas tienen tendencias a «espiritismo e idolatría». Otras son «médium», mientras que otros se esconden detrás de la magia blanca, u otras prácticas ocultistas, pero no lo manifiestan.

Desde la década del ochenta del siglo pasado, ha habido una gran proliferación en la propaganda y libros especialmente de parte de la Nueva Era y otras filosofías, promocionando el contacto con «ángeles guías», «ángeles protectores» y ángeles para cualquier tipo de necesidad y de circunstancias. Esto tiende a traer confusión y desviar la verdad estricta de los verdaderos ángeles.

Del capítulo tres al seis, se encuentra el ministerio verdadero de los seres angelicales, su carácter y bajo qué órdenes actúan, con una amplia información de su ministerio y manifestación en forma de fuego y carruaje de caballos, especialmente el rango de los querubines.

Todo esto se plantea con un transmitir sencillo, pero a la vez nuevo y profundo, para poder entender y alcanzar una amplia visión de ellos. Así como asimilar específicamente su misión con los hijos de Dios, aquellos que han sido llamados para alcanzar salvación, llegando al cumplimiento total en la presencia de Dios.

En el capítulo siete traemos una recopilación de las supuestas apariciones de los platillos voladores y un análisis práctico de las teorías que contradicen las Sagradas Escrituras acerca de los extraterrestres y las apariciones de los tan populares Aliens.

En el penúltimo capítulo hablamos de la actividad angelical en los tiempos proféticos, terminando con testimonios reales de apariciones de ángeles, así como la reflexión del nuevo ángel tecnológico, llamado «ángel digital» ofreciéndosele a la sociedad como medio de «salvación» a los problemas de «gente desaparecida» que afrontan gran parte de las grandes ciudades.

El verdadero propósito de este libro es que disfrutes leyendo el mismo y que te sea útil tanto para información personal como para crecimiento espiritual, así como para que puedas ayudar a personas que han caído en errores semejantes. ¡Que Dios te edifique a través del mismo!

Lidia Zapico

Dedicatoria

Este libro lo dedicamos primeramente a la Cabeza de todo principado, Jesucristo el Señor, el cual nuestro Padre Dios le ha dado el privilegio de tener todo lo creado debajo de sus pies. Al que se le sujetan en su glorioso nombre: autoridades espirituales, principados y potestades, así como el inmenso millar de millares de ejércitos celestiales.

A mi anciano padre Ramiro, el cual por su vida consagrada al Señor y su ejemplo, siempre ha sido una inspiración para mí. ¡Dios te bendiga!

También a todos aquellos que buscan la verdad en medio de sus conflictos espirituales y aman al cielo y todas las cosas sagradas que existen en él.

Capítulo 1

¿Qué dice la Nueva Era de los ángeles?

Queremos hacer una clara reseña en este capítulo para diferenciar lo que enseña la Nueva Era acerca de los ángeles y lo que declaran las enseñanzas de la Palabra de Dios, la Biblia, con referencia a este tema.

Hoy en día se están difundiendo y propagando mensajes y experiencias de personas que dicen haber tenido contacto con ángeles con nombres específicos como Miguel y otros nombres de seres angelicales que se encuentran en las Sagradas Escrituras, propagando así enseñanzas erróneas.

Este libro tiene como finalidad hacer reflexionar y aclarar el concepto a todas aquellas personas desinformadas acerca de este tema, que por curiosidad y en extremo desconocimiento, se involucran en la práctica de la angelología.

Muchas personas quizá no se han involucrado directamente a dialogar o a tener contacto directo con los llamados «ángeles», pero han escuchado o leído artículos y les han surgido dudas hacia ciertas cosas con respeto al tema.

No queremos en sí hacer una reflexión sobre la doctrina cristiana acerca de los ángeles, sino más bien una investigación detallada sobre la reciente y actual popularidad de los ángeles, y cómo esta «nueva espiritualidad angelical» está vinculada directa o indirectamente con la Nueva Era.

Analicemos lo que esta proyecta, y aclaremos al lector las «frases» (recibidas de los mensajes angelicales) más distanciadas del contexto bíblico.

Muchas veces estas enseñanzas no corresponden con la doctrina cristiana y hasta se puede afirmar que son antibíblicas. Por esa razón creo que es nuestra responsabilidad dar al público una clara y sencilla reseña de la verdad con bases afirmadas en la sana doctrina cristiana.

Vemos un peligro cuando se mezcla lo divino y santo, con el esoterismo, la superstición, el espiritismo y las religiones orientales.

No estamos en contra de los ángeles, mas bien discrepamos con la proliferación de engaño que se envuelve detrás del tema de los ángeles.

Muchos de estos dogmas enseñan con sagacidad a consultar a los espíritus caídos y a dialogar con potestades del mal, disfrazados como ángeles de luz que cautivan las mentes ignorantes para hacerlas presas de sus intentos y errores.

Los ángeles, un medio de negocio

No se requiere mucho esfuerzo para darse cuenta que los ángeles están «muy de moda» hoy día.

Se mencionan en el cine, en las series de televisión, en la música para relajarse, en la meditación, en los sellos de correo, en estampitas para la protección, en cuadros, en estatuillas para adornar la casa, y mucho más.

Existen clubes de personas interesadas en compartir sus experiencias con ángeles y cómo comunicarse con ellos. Incluso se puede tomar clases por Internet.

Se pueden adquirir en las tiendas y por correo todo tipo de adornos con ángeles y hasta altares completos para la casa. En los puestos de periódicos y en las librerías encontramos muchos artículos sobre los ángeles.

En algunos países hay revistas especializadas sobre ellos. Hasta se pueden conseguir catálogos de venta por correo. Hay muchos centros de información que se especializan en este fenómeno. Hasta se venden frasquitos con «esencias» del ángel preferido, collares con cuentas de perlas representando «el ángel guía» o tu «ángel favorito».

Los testimonios por radio y televisión cada vez se hacen más frecuentes, tales como, personas que han recibido visitas o mensajes de ángeles, quizás algunos han experimentado milagros, y están propagando idolatría a través de sus «experiencias» con ellos.

También se encuentran en los naipes del tarot donde la gente busca su futuro.

En fin, una variedad y una gran proliferación de artículos alrededor de los seres angelicales.

Los ángeles según la Nueva Era

Toda esta difusión y búsqueda de lo místico es producto de la mentalidad unida de diferentes filosofías y creencias espiritualistas, de ahí, la Nueva Era, una inesperada derivación universalista o sincrética de las religiones monoteístas, una nueva superstición, una extraña manifestación del renacer de la espiritualidad.

Los ángeles que nos invaden son, según muchos de estos autores, mensajeros individuales, bolitas de luz, transportadores del amor, guías, chispas de luz, energía, y hasta pueden ser nuestros maestros. Se dirigen a cada persona y a su circunstancia específica.

Veamos una página sacada del Internet, que nos amplia el contexto.

http://www.geocities.com/Athens/Parthenon/1348/ANGELES.html

La Nueva Era ofrece una angelología radicalmente diferente a la doctrina bíblica cristiana. Vemos esto claramente cuando salió a la venta en mayo de 1996 el primer tomo de *Los grandes temas del Esoterismo* llamado: «Los ángeles, hijos de Dios y hermanos del Hombre». Para el cristiano, no hay nada tan distinto, tan opuesto a su fe que el esoterismo mezclado con los ángeles de Dios.

«El ángel de la guarda al que se refieren las religiones, es la propia chispa de luz que cada hombre lleva consigo, y que debe guiarle siempre en su vida. Cada persona tiene un gran ángel interior, y comunicarse con él, es comunicarse consigo mismo, con sus posibilidades y sus deseos de crecer espiritualmente. Ese ángel interior CRECERÁ mientras busquemos expandir nuestra conciencia…». Leonor Alazraki en Jarque y Rivas, diferencia lo que son los ángeles interiores y los mensajeros exteriores de Dios.

La Nueva Era es casi politeísta en su entendimiento de ellos: Dice Jarque y Rivas que los ángeles no solamente tienen países bajo su protección sino que también ciertos ángeles se encargan de los meses (Ej.: Gabriel es enero, Barchiel es febrero, Uriel es septiembre) y de los días de la semana (Gabriel es lunes, Miguel es miércoles), y aun los doce signos del Zodiaco (Tauro es Amodel, Libra es Uriel y Acuario es Gabriel).

«Como fantasmas los ángeles pueden presentarse como un pensamiento que asalta nuestra mente o como una sensación, o tal vez como voces sin cuerpo o esferas de luz…» (Burnham). «Se dice que los ángeles se presentan en forma de visiones, pensamientos, sueños, o adoptando la forma de animales, luces en el agua, nubes, arco iris y también personas».

Otros experimentan luces de color, sensaciones de ser tocados o de olores florales: «Cuando acuden, se hacen notar. Hay veces que te da mucho frío, y otras te da calor. Es como una presencia que sientes o también de repente recibes un mensaje». Según Rivera, en Jarque y Rivas.

«¿Por qué a los ángeles les agrada disfrazarse? Aparentemente, adoptan la forma que la persona ante quien aparecen esté dispuesta a aceptar, y, en ocasiones, no adoptan ninguna; se presentan como un sueño, un pensamiento, un impulso de energía, una sensación de guía».

Otros autores dicen que los ángeles son como extraterrestres, ovnis (véase Glenn Williston «UFO'S and Angels»). En la revista «Angel Times» (Tiempos de ángeles, agosto/septiembre, 1996) el autor de «Angles of the Sea» Machele Gol, escribe que «las delfinas y las ballenas son ángeles del mar». Su gurú dice que las delfinas nos están enseñando el amor sin condiciones.

Al observar y leer estos diferentes tipos de enseñanzas debemos analizarlos a través de la óptica bíblica y escritural.

Amados, no creáis a todo espíritu, sino probad los espíritus si son de Dios.
1 Juan 4:1

Nos vemos en la necesidad de aclarar las frases que según el contexto bíblico pueden ser más comunes entre los que dialogan con los ángeles y dicen que tienen contacto con ellos.

El Señor nos hace una solemne advertencia «no creáis a todo espíritu», sino que debemos de «probar», esta palabra viene de la raíz original griega dokimazo, esto tiene que ver con poner o someter a prueba. Es lo que nos da referencia en comprobar, designar, distinguir, examinar.

El probar tiene que ver con demostrar la autenticidad de lo que es verdadero o falso.

Examinemos estos llamados mensajes angelicales, y probemos si son o no verdaderos.

«Los ángeles son seres alegres y juguetones. La mejor manera de vincularse o conectarse con ellos es a través del juego».

La Palabra de Dios jamás nombra el juego ni que se deben tomar las cosas en forma irreverente e irresponsable. Cada vez que los ángeles verdaderos de Dios han venido a traer un mensaje a una persona, lo han hecho con un propósito determinado, importante y muy real.

Todo lo verdadero y genuino que proviene de Dios siempre ha sido serio. ¡No sé qué clase de ángel será aquel que tome las cosas como un juego!, creo firmemente que las personas interesadas en divulgar angelología están distorsionando totalmente el tema y cambiando en forma errónea los conceptos bíblicos fundamentales.

«Tienen conciencia pero no inteligencia».

Los ángeles no necesitan conciencia porque en ellos no existe el pecado, y veremos que sí son inteligentes; es más, los ángeles caídos son sagaces y astutos.

Mirando los seres angelicales antes de la gran rebelión, vemos un ejército con grandes rangos bien ordenados. ¿Cómo podemos creer que un ejército está lleno de necios? ¿Qué clase de verdad tiene este mensaje? ¿Acaso no vemos el engaño en cada párrafo escrito y editado por los «expertos en visitas angelicales»?

Analicemos esta profecía para entender mejor la expresión anteriormente indicada.

> *Por cuanto se enalteció tu corazón, y dijiste: Yo soy un dios, en el trono de Dios estoy sentado en medio de los mares (siendo tú hombre y no Dios), y has puesto tu corazón como corazón de Dios; he aquí que tú eres más sabio que Daniel; no hay secreto que te sea oculto.* Ezequiel 28:2-3

En primer lugar queremos notar que la palabra profética es dada al «príncipe» o «gobernador» de Tiro. Eso denota la conexión espiritual entre el «príncipe de las tinieblas» que gobernaba Tiro con el gobernador físico que era su representante en la tierra.

La palabra príncipe en el original griego es *arcon*. «Príncipe» tiene que ver con todas las expresiones que se refieren, tanto al diablo, como a un gobernante terreno, en ambos sentidos, se refieren a príncipes de este siglo.

> *Sin embargo, hablamos sabiduría entre los que han alcanzado madurez; y sabiduría, no de este siglo ni de los príncipes de este siglo, que perecen.* 1 Corintios 2:6

Jesús se refirió a su enemigo cuando nos habla del príncipe de este mundo.

> *Ahora es el juicio de este mundo; ahora el príncipe de este mundo será echado fuera.* Juan 12:31

En este texto nos demuestra una vez más lo que se refiere a la misma temática que consideramos, lo cual se nos menciona «el príncipe de este mundo» es decir, de este planeta llamado «tierra».

Príncipe o gobernador de las tinieblas, ejerciendo su influencia de rebelión y desobediencia sobre toda la humanidad, lo cual constituye el asiento o las bases de su autoridad.

Volviendo al texto original la expresión «has puesto tu corazón como corazón de Dios», se refiere tanto al príncipe de las tinieblas como al gobernador presente.

Vemos que Dios lo nombra no por su nombre, sino por el nombre de la región que gobernaba, que era Tiro.

Al poner su corazón como el corazón de Dios, eso nos muestra que los príncipes espirituales son de gran inteligencia y sabiduría, aunque su meta y propósitos sean contrarios a las metas y la bondad de Dios.

La expresión «sabio» se puede encontrar como alguien sagrado, originalmente de Media y Persia, que aparentemente conformaba la religión de Persia, mientras que retenían sus antiguas creencias. Hombres sabios que en la época de Herodes buscaban al niño Jesús recién nacido siguiendo la estrella.

Se le dice al príncipe de los aires que fue más sabio que Daniel. Volvemos a ver una similitud entre lo espiritual y lo humano. Daniel recibió la sabiduría del Dios de los dioses, pero estamos hablando de «el príncipe».

> *Hijo de hombre, levanta endechas sobre el Rey de Tiro, y dile: Así ha dicho Jehová el Señor: Tú eras el sello de la perfección, lleno de sabiduría, y acabado de hermosura.* Ezequiel 28:12

Aquí vemos que se está refiriendo a Satanás antes de su caída. Así que tanto el «príncipe de Tiro» como el gobernador físico de Tiro tenían una mente y un solo pensamiento, es decir, el humano estaba controlado totalmente por el espiritual.

Él reinaba como virrey en el monte santo de Dios.

Podemos ver la inteligencia de estos seres creados para revelar la misma gloria de Dios. Sabios porque tenían cargos grandes a desarrollar.

Como Lucifer que encendía las luces en las extensiones de Dios antes de la creación del Universo antes que se dijera: «Sea la luz».

Es imposible llamar a seres creados con mayor jerarquía que el hombre y decir que «no tienen inteligencia».

Aquí vemos la sutileza de los espíritus del mal para engañar y mentir. Se dan la imagen de faltos de inteligencia para exaltar a los que dialogan con ellos para cautivarlos de una forma más sutil.

Sin embargo, personas que operan con poderes de las tinieblas saben y reconocen que la inteligencia y el saber está en ellos mucho más desarrollado que en el ser humano. Ahora podemos ver con claridad la expresión «más sabio que Daniel».

«No pueden asistir a la materia si esta no se lo permite».

Está claro, ningún demonio puede poseer a una persona si esta no le abre una puerta, o le da permiso.

Sin embargo, en el relato bíblico no dice que los ángeles se posesionan de los seres humanos.

«Cada persona es acompañada por un ángel solar desde su primera encarnación, y es el mismo durante todo el proceso evolutivo».

Y de la manera que está establecido para los hombres que mueran una sola vez, y después de esto el juicio. Hebreos 9:27

La doctrina bíblica es clara y definida, aquí no hay lugar para la reencarnación.

La Biblia habla que los hombres mueren una sola vez, es decir, no vuelven a la tierra hasta el día del juicio, y de allí al cielo o al infierno según hayan sido sus obras en la tierra.

Como hemos alertado la enseñanza de la Nueva Era es la que une la angelología con la reencarnación. Por eso vemos la unión de la energía con el amor.

No podemos dejarnos engañar aunque usen siempre esas frases:

«Transportadores del amor» «armonía» «conéctate con tu ángel» «luz» «energía».

Tengamos en cuenta que la enseñanza del hinduismo de la reencarnación gira sobre la rueda del Karma.

También los budistas creen en la rueda de la vida.

Creen que la persona reencarna de una vida a otra hasta llegar al punto perfecto.

El hombre teniendo una sola vida, puede por medio de Cristo llegar al hombre perfecto y tener luego de la muerte la vida eterna.

A fin de perfeccionar a los santos para la obra del ministerio, para la edificación del cuerpo de Cristo, hasta que todos lleguemos a la unidad de la fe y del conocimiento del Hijo de Dios, a un varón perfecto, a la medida de la estatura de la plenitud de Cristo; para que ya no seamos niños fluctuantes, llevados por doquiera de todo viento de doctrina, por estratagema de hombres que para engañar emplean con astucia las artimañas del error, sino que siguiendo la verdad en amor, crezcamos en todo en aquel que es la cabeza, esto es, Cristo, de quien todo el cuerpo, bien concertado y unido entre sí por todas las coyunturas que se ayudan mutuamente, según la actividad propia de cada miembro, recibe su crecimiento para ir edificándose en amor. Esto, pues, digo y requiero en el Señor: que ya no andéis como los otros gentiles, que andan en la vanidad de su mente. Efesios 4:12-17

En estos tiempos tan difíciles para aquellos que les agrada, y anhelan experimentar nuevas cosas, les es fácil caer en estos errores.

Los ángeles nunca pueden traer mensajes que no estén de acuerdo estrictamente con la Palabra de Dios.

La Palabra compara a niños fluctuantes, que se dejan engañar rápidamente por estas falsas enseñanzas.

La palabra «fluctuante» se deriva de la palabra griega *kludonizomai*, que significa «sacudido hacia adelante y hacia atrás. Ser sacudido por las ondas, ser agitado mentalmente».

He aquí más mensajes acerca de esto:

«El Ángel Solar (Presencia Mental Superior). Tenemos dos devas, que son el ángel de suministro y el ángel de protección. Estos devas, al finalizar la rueda *kármica,* entre una vida y otra, nunca vuelven a ser los mismos».

Antes de su caída Satanás se llamaba «querubín protector».

¿Será a este ángel al que se refieren los que practican tales contactos?

La palabra original en hebreo viene de «cubrir» proteger.

Vemos que el querubín antes de su caída y destierro del cielo, tenía la autoridad de cubrir, o proteger el lugar y las cosas que estaban en esos lugares.

Tú, querubín grande, protector, yo te puse en el santo monte de Dios, allí estuviste; en medio de las piedras de fuego te paseabas.

Perfecto eras en todos tus caminos desde el día que fuiste creado, hasta que se halló en ti maldad. Ezequiel 28:14-15

Dios habla del misterio de iniquidad con respecto a dicho querubín hermoso y perfecto, hasta que se halló en él maldad.

Esto nos da evidencia que las personas que practican y enseñan con respecto a la angelología, están siendo guiados y movidos como suelen enseñar ellos por el «ángel de protección».

Cuando se nos refiere al ángel de protección vemos un rango más elevado con respecto a los ángeles.

La Biblia habla de una protección y no se refiere exactamente al «ángel de protección».

Nuestra cobertura está en la sangre de Cristo

Pues yo pasaré aquella noche por la tierra de Egipto, y heriré a todo primogénito en la tierra de Egipto, así de los hombres como de las bestias; y ejecutaré mis juicios en todos los dioses de Egipto. Yo Jehová. Y la sangre os será por señal en las casas donde vosotros estéis; y veré la sangre y pasaré de vosotros, y no habrá en vosotros plaga de mortandad cuando hiera la tierra de Egipto. Éxodo 12:12-13

Para el pueblo de Israel que estaba esclavo en Egipto, el día de su liberación se acercaba. Las órdenes fueron dadas por JHVH; a la media noche el ángel de la muerte pasaría por todo Egipto y se llevaría todo primogénito tanto de animales como de seres humanos.

Para librarse de la muerte tenían que poner sobre los dinteles de la puerta la marca de protección que los cubriría y los guardaría en la hora de la prueba y de la muerte.

La sangre de un cordero sacrificado sería la señal

Hay que destacar que todo aquel que conoce la verdad de Dios, sabe que Cristo murió, muchos años después, en la misma fecha de la Pascua, día de liberación, demostrando que él era el Cordero de Dios que moriría y derramaría su sangre para librarnos de la muerte espiritual y darnos vida eterna.

Los que creemos en el poder de la Sangre de Jesús no necesitamos amuletos, ni la necesidad de pedir protección a los ángeles caídos y menos al «ángel protector» que perdió su lugar de excelencia para caer en lo más bajo y engañar así a la humanidad.

La sangre de Jesús es más poderosa que el querubín caído.

Y les dijo: Yo veía a Satanás caer del cielo como un rayo. Lucas 10:18

El ángel protector guarda a los incautos y se asegura de llevar a sus prisioneros a la mazmorra.

> *Y serán amontonados como se amontona a los encarcelados en mazmorra, y en prisión quedarán encerrados, y serán castigados después de muchos días. La luna se avergonzará, y el sol se confundirá, cuando Jehová de los ejércitos reine en el monte de Sión y en Jerusalén, y delante de sus ancianos sea glorioso.* Isaías 24:22-23

Vemos en la profecía de Isaías el fin de los que están en prisión protegidos por el «ángel caído».

JHVH es el que reina en el Monte de Sión. En su Santo monte no pudo soportar la rebeldía ni la maldad. Él es glorioso, puro y Santo. El «ángel protector» fue creado, dice el profeta Ezequiel, él no es Dios; mientras que la Sangre gloriosa de Jesús es la misma vida de Dios, porque Jesús es Dios.

> *Este es Jesucristo, que vino mediante agua y sangre; no mediante agua solamente, sino mediante agua y sangre. Y el Espíritu es el que da testimonio; porque el Espíritu es la verdad.*
>
> *Porque tres son los que dan testimonio en el cielo: el Padre, el Verbo y el Espíritu Santo; y estos tres son uno. Y tres son los que dan testimonio en la tierra: el Espíritu, el agua y la sangre; y estos tres concuerdan. Si recibimos el testimonio de los hombres, mayor es el testimonio de Dios; porque éste es el testimonio con que Dios ha testificado acerca de su Hijo. El que cree en el Hijo de Dios, tiene el testimonio en sí mismo; el que no cree a Dios, le ha hecho mentiroso, porque no ha creído en el testimonio que Dios ha dado acerca de su Hijo. Y este es el testimonio: que Dios nos ha dado vida eterna; y esta vida está en su Hijo. El que tiene al Hijo, tiene la vida; el que no tiene al Hijo de Dios no tiene la vida.* 1 Juan 5:6-12

Damos gloria y honra a la Sangre de Jesús que es testigo en la tierra, así como al que murió y se entregó por nosotros, Jesucristo, el testigo fiel.

> *Pero sabemos que el Hijo de Dios ha venido, y nos ha dado entendimiento para conocer al que es verdadero; y estamos en el verdadero, en su Hijo Jesucristo. Este es el verdadero Dios, y la vida eterna.* 1 Juan 5:20

«Debemos recordarlos más que aprenderlos. Nosotros, los humanos, somos un vehículo angélico; tenemos que trabajar mucho con ellos e invocarlos continuamente».

No podemos quedarnos inmunes ante tales mentiras que contradicen abiertamente la verdad.

Jesucristo mismo dijo: YO SOY LA VERDAD.

Aquí en este mensaje que estamos analizando dice que somos un vehículo angélico, esto se está refiriendo otra vez a los ángeles caídos, demonios de maldad que buscan posesionarse del cuerpo ya que andan en lugares secos buscando a donde entrar.

> *Entonces fue traído a él un endemoniado, ciego y mudo; y le sanó, de tal manera que el ciego y mudo veía y hablaba. Y toda la gente estaba atónita, y decía: ¿Será éste aquel Hijo de David?*
>
> *Mas los fariseos, al oírlo, decían: Este no echa fuera los demonios sino por Beelzebú, príncipe de los demonios.*
>
> *Sabiendo Jesús los pensamientos de ellos, les dijo: Todo reino dividido contra sí mismo, es asolado, y toda ciudad o casa dividida contra sí misma, no permanecerá. Y si Satanás echa fuera a Satanás, contra sí mismo está dividido; ¿cómo, pues, permanecerá su reino? Y si yo echo fuera los demonios por Beelzebú, ¿por quién los echan vuestros hijos? Por tanto, ellos serán vuestros jueces. Pero si yo por el Espíritu de Dios echo fuera los demonios, ciertamente ha llegado a vosotros el reino de Dios.* Mateo 12:22-28

En primer lugar observamos que a Jesús le fue traído un endemoniado. Esto significa una persona atormentada por espíritus que le causaban la ceguera y la mudez.

Al Jesús reprender dichos espíritus la persona fue sana totalmente.

Vemos a Jesús enfrentándose a la incredulidad y resistencia de los religiosos llamados fariseos. Jesús les dice que si él libera a los cautivos, es que el Reino de Dios se ha llegado a vosotros.

Por eso el ser humano no puede ser vehículo de ángeles, pero sí puede ser vehículo de ángeles caídos si no deja que el Hijo de Dios le libere totalmente.

> *Así que, si el Hijo os libertare, seréis verdaderamente libres.* Juan 8:36

Pero los fariseos no reconocían a Jesús como el Hijo de Dios. Todo aquel que no reconoce esta verdad, Jesús les dice:

> *Vosotros sois de vuestro padre el diablo, y los deseos de vuestro padre queréis hacer. Él ha sido homicida desde el principio, y no ha permanecido en la verdad, porque no hay verdad en él. Cuando habla mentira, de suyo habla; porque es mentiroso, y padre de mentira. Y a mí, porque digo la verdad, no me creéis.* Juan 8:44-45

Palabras muy fuertes de Jesús para los religiosos israelitas, pero eso denota lo serio de la vida. Si nos resistimos a la verdad de Dios y no la creemos o aceptamos, pasamos a ser esclavos o hijos del diablo.

Los ángeles desempeñan también el papel de signos advertidores de lo sagrado. Se presentan como «bolitas» de luz; y suelen hacerse más visibles a los niños en distintas formas, de acuerdo a los códigos que ellos tienen.

La palabra advertir es algo que solo le pertenece al *logos* o *rehma* de Dios. Es decir solo la Palabra inspirada por el Espíritu Santo. Ella solamente tiene la autoridad de advertirnos, por medio de la palabra escrita o hablada.

La Biblia jamás ha hecho referencia a «bolitas» de luz ya que los seres angelicales tienen cuerpos espirituales.

«Como fantasmas los ángeles, pueden presentarse como un pensamiento que asalta nuestra mente o como una sensación, o tal vez como voces sin cuerpo o esferas de luz…».

Nuestra mente es la puerta abierta para que entren los malos pensamientos, si les damos cabida harán morada en nuestro corazón.

Entre los cuales también todos nosotros vivimos en otro tiempo en los deseos de nuestra carne, haciendo la voluntad de la carne y de los pensamientos, y éramos por naturaleza hijos de ira, lo mismo que los demás. Efesios 2:3

Cuando alguien no conoce al Señor vive haciendo la voluntad de la naturaleza caída, es decir la antigua naturaleza heredada de Adán. Y haciendo la voluntad de los pensamientos.

Pero un ángel jamás puede presentarse como un fantasma, ya que el fantasma es calificado como un espíritu de los muertos, que vaga sin encontrar lugar, en otras palabras un espíritu demoníaco.

Jesús les dijo: Porque de dentro, del corazón de los hombres, salen los malos pensamientos, los adulterios, las fornicaciones, los homicidios, los hurtos, las avaricias, las maldades, el engaño, la lascivia, la envidia, la maledicencia, la soberbia, la insensatez. Marcos 7:21

Vemos que el corazón del hombre es el que tiene los malos pensamientos, pero si es un fantasma, es un espíritu caído que busca donde entrar.

Voces sin cuerpos y esferas de luz

Las voces extrañas a nuestros pensamientos son inducidas por el «tentador». Jesús en el desierto le llama a Satanás tentador.

Y vino a él el tentador, y le dijo: Si eres Hijo de Dios, di que estas piedras se conviertan en pan. Mateo 4:3

No podemos aceptar estos mensajes como verdaderos ya que tienen errores graves y saturados de espíritu de mentira.

«Se dice que los ángeles se presentan en forma de visiones, pensamientos, sueños, o adoptando la forma de animales, luces en el agua, nubes, arco iris y también personas».

Todas las veces que aparecen en el contexto canónico de la Biblia, lo han hecho de una sola forma, visible, con un cuerpo a veces resplandeciente.

Jamás nos habla la Biblia de ángeles como luces en el agua, o como ángeles nubes.

La nube de la gloria de JHVH era espesa, y se refiere a otra dimensión de nube aquí mencionada, como lo podrás leer en el capítulo de querubín y la gloria de Dios.

El arco iris no es un ángel, la Biblia habla del arco iris como un pacto entre Dios y todo ser viviente, cuando Noé sale del Arca.

> *Mi arco he puesto en las nubes, el cual será por señal del pacto entre mí y la tierra. Y sucederá que cuando haga venir nubes sobre la tierra, se dejará ver entonces mi arco en las nubes.*
>
> *Y me acordaré del pacto mío, que hay entre mí y vosotros y todo ser viviente de toda carne; y no habrá más diluvio de aguas para destruir toda carne. Estará el arco en las nubes, y lo veré, y me acordaré del pacto perpetuo entre Dios y todo ser viviente, con toda carne que hay sobre la tierra. Dijo, pues, Dios a Noé: Esta es la señal del pacto que he establecido entre mí y toda carne que está sobre la tierra.* Génesis 9:13-17

La primera vez que la Biblia menciona el arco iris, fue después del diluvio, cuando Dios lo manifestó como la señal del pacto que estableció con un hombre llamado Noé. Él le hizo recordar que el arco iris sería dado como señal a través de todas las generaciones venideras, y que cada vez que apareciera esta señal, sería una declaración de Dios a la humanidad, que su pacto sigue siendo real.

Vemos que el arco iris es puesto por Dios a la tierra como pacto, pero también el profeta Ezequiel cuando tiene la visión de la gloria de Dios ve el arco iris resplandeciendo alrededor de la gloria de JHVH.

> *Como parece el arco iris que está en las nubes el día que llueve, así era el parecer del resplandor alrededor. Esta fue la visión de la semejanza de la gloria de Jehová.* Ezequiel 1:28

Un ángel puede tener un resplandor como un arco iris pero nunca convertirse literalmente en «Arco Iris».

En el Apocalipsis vemos un ángel nombrado con una misión muy especial que viene envuelto en una nube y sobre su cabeza tiene un arco iris pero no pierde su aspecto corporal de ángel.

> *Vi descender del cielo a otro ángel fuerte, envuelto en una nube, con el arco iris sobre su cabeza; y su rostro era como el sol, y sus pies como columnas de fuego.* Apocalipsis 10:1

Otros experimentan luces de color, sensaciones de ser tocados o de olores florales: «Cuando acuden, se hacen notar. Hay algunas veces que te da mucho frío, en otras ocasiones te da calor. Es como una presencia que sientes o de repente recibes un mensaje».

Aquí tenemos que comentar que la presencia de Dios a sus fieles santos nunca puede dar sensación de frío. El frío es motivo de muerte, sequedad, vacío. Un espíritu de las tinieblas traerá frialdad al cuerpo del viviente que le invoque.

«¿Por qué a los ángeles les agrada disfrazarse? Aparentemente adoptan la forma que la persona ante quien aparecen esté dispuesta a aceptar, y, en ocasiones, no adoptan ninguna; se presentan como un sueño, un pensamiento, un impulso de energía, una sensación de guía».

El que se disfraza esconde su verdadera identidad

¿Acaso tendrá de que ocultarse un ángel verdadero? ¿Por qué ha de disfrazarse y aparentar ser otro? Acaso cuando trae un mensaje de parte de Dios; ¿no trae un mensaje verdadero? Dios no es un Dios que miente, sino por el contrario solamente habla verdad.

> *Jesús le dijo: Yo soy el camino, y la verdad, y la vida; nadie viene al padre, sino por mí.* Juan 14:6.

¿Por qué entonces no comprendemos que el que se oculta para no demostrar su verdadera identidad es el engañador?

¿Acaso Satanás no es nombrado por Jesús como el padre de mentira?

> *Él ha sido homicida desde el principio, y no ha permanecido en la verdad, porque no hay verdad en él. Cuando habla mentira, de suyo habla; porque es mentiroso, y padre de mentira. Y a mí, porque digo la verdad, no me creéis.* Juan 8:44-45

Satanás siempre se ha escondido detrás de la careta, aparentando ser otra cosa, engañando y mintiendo. Es un homicida ¿Qué hacen los que son homicidas?

Viven escondidos para que la justicia no los arreste. Así los agentes de Satanás se disfrazan y engañan a la gente aparentando que son ángeles de luz pero es solo una apariencia.

> *Y no es maravilla, porque el mismo Satanás se disfraza como ángel de luz.* 2 Corintios 11:14

La sensación de guía no es un mensajero de Dios para ti. La sensación puede venir de tus impulsos naturales, eso no quiere decir que un ángel te está guiando específicamente a hacer algo.

Michele Gold, en *Angels of the Sea* escribe que «las delfinas y las ballenas son ángeles del mar». Su gurú dice que las delfinas nos están enseñando el amor sin condiciones.

La palabra «delfinas» no existe en el Diccionario Castellano, ya que la palabra correcta es delfín.

Dios nos ha hablado de muchas maneras, a través de sus profetas y de su palabra escrita y hablada.

A veces al decir «nos están enseñando» están queriendo decir que vemos una enseñanza en la naturaleza. La creación refleja la gloria de Dios y ella nos inspira paz y perfección. Pero, de allí a creer que un mamífero creado por Dios puede ser un ángel, es muy distinto.

Los gurús asocian los mamíferos del mar con la creencia de la diosa que sale del océano y visita las playas. La magia siempre la ha usado, así como la Ubanda en Brasil.

«La ascensión es mensaje de Miguel. Este mensaje se define claramente en el manual del ministerio: "destino manifiesto": Transformar la mente del hombre».

El que practica estas cosas debe entender que no puede dejarse influenciar por estos «mensajes» que no proviene de la revelación divina de Dios. El Apóstol Pablo a través del Espíritu Santo nos dice:

> *No os conforméis a este siglo, sino transformaos por medio de la renovación de vuestro entendimiento, para que comprobéis cuál sea la buena voluntad de Dios, agradable y perfecta.* Romanos 12:2

Se nos exhorta a no seguir las corrientes de este mundo, ni tampoco conformarnos a este siglo, es decir no dejarnos llevar por las nuevas teorías filosóficas, ni dejar que la mente caiga en emociones pasajeras que distraen e intentan desviar los ojos para no mirar a Jesucristo y su reino.

La mente tiene que estar enfocada en buscar la voluntad de Dios, y además, con más excelencia la perfecta, es decir la que es directamente para tu vida.

¡Se debe tener sumo cuidado! ¿Qué es aquello que dejas entrar en tu mente? El Espíritu de Dios es el único que puede transformar y renovar continuamente la mente.

Es decir una mente perfecta y espiritual. Ya que nuestra mente es natural, caída, desde Adán, necesitamos renovarla en Cristo y en su voluntad cada día.

A medida que nos acercamos a los tiempos difíciles, estos cambios de mente se irán acrecentando engañando si fuera posible a los mismos escogidos.

> *Pero temo que como la serpiente con su astucia engañó a Eva, vuestros sentidos sean de alguna manera extraviados de la sincera fidelidad a Cristo.*
> 2 Corintios 11:3

¿Cuánto más aquellos que abren su mente a nuevas modalidades sin estar cubiertos con la sangre de Cristo?

Veamos más de lo que enseñan sobre los ángeles.

«La misión del ministerio de Miguel es enseñar a cada uno de ustedes cómo levantar su sentido en la preparación para los cambios que vienen y alinearlos con la energía del nuevo milenio para alcanzar una prosperidad más grande, abundancia, alegría y amor verdadero».

En primer lugar el arcángel Miguel es un príncipe de gran categoría con gran autoridad. Su servicio es alto y de gran respeto. Es uno de los arcángeles que tiene autoridad para aprisionar, encadenar y vencer a otros príncipes de las tinieblas como «El príncipe de los demonios» Beelzebú y Apolión, príncipes que gobiernan las regiones espirituales más altas como en el caso de los grandes imperios antiguos, como los Imperios de Babilonia, Persia, Grecia y Roma.

Los ángeles no pueden dar a nadie alegría, el gozo del espíritu viene solo del Señor.

En el capítulo «La influencia angelical en los tiempos proféticos» ampliamos el ministerio del arcángel Miguel único príncipe a disposición del pueblo de Israel para el tiempo final.

Miguel le muestra el camino a la paz, a la alegría, a la armonía, a la prosperidad renovada.

A los ángeles no se les ha dado el poder para dar prosperidad

La Biblia habla de Mamón, el dios de las riquezas. Satanás ofrece dinero y fama a sus seguidores. Sin embargo, notemos la diferencia entre recibir riqueza de parte de los ángeles caídos a recibir prosperidad de parte del Dios Todopoderoso.

> *La bendición de Jehová es la que enriquece, y no añade tristeza con ella.*
> Proverbios 10:22

La Palabra nos dice que la bendición es la que enriquece, no en sí el dinero, es decir: «hay personas que tienen dinero pero no tienen bendición». Dios le dijo al pueblo de Israel: «Te bendeciré y serás de bendición» y también le dijo: «Acuérdate de Jehová tu Dios, porque él te da el poder para hacer las riquezas».

Notemos que aquí no dice, que el ángel te da el poder para hacer riquezas. En Deuteronomio se escribe: Él, JHVH, es el que te da la capacidad, la fuerza, la virtud, para hacer las riquezas.

Estas riquezas fueron dadas a Israel para bendición, no para vicios, droga, placeres sexuales, lujuria, pornografía, codicia, adulterio. Cuando vemos un hombre poderoso con fortuna, detrás de eso vemos muchas de las cosas que están aquí mencionadas.

La bendición de la prosperidad es algo dado a los hijos de Dios, como recompensa por guardar el pacto y aceptar las condiciones dadas por él.

Satanás podrá dar dinero pero tenemos que recordar, él nunca podrá dar prosperidad y bendición porque eso solo lo proporciona Dios.

De nada aprovecharía al hombre si tuviera todas las riquezas del mundo y perdiera su alma. Es decir, tener en la tierra satisfacciones y placeres, y al morir, experimentar una separación por toda la eternidad, lejos de la presencia de Dios en profunda oscuridad.

«La comida de los ángeles es el "Maná". Según la Biblia es una sustancia en forma de gránulos».

La Biblia nunca habla que los ángeles tienen necesidad de comer. Es más, la Palabra de Dios afirma que Dios es Espíritu y Verdad, si así es; un espíritu no necesita alimentarse porque no está sujeto a la carne. Lo mismo los ángeles. En el caso que comieran tampoco nunca la Biblia especifica cuál alimento usan.

«Los delfines son considerados ángeles del mar, por su capacidad innata de hacer el bien. Se dice que pueden ver a los ángeles y que hablan con ellos».

Estas suposiciones no tienen base cristiana y bíblica, por tal motivo no podemos afirmarlas como correctas. Solo la Biblia nos habla de un caso y fue el asna de Balaam que vio un ángel.

> *Y el asna vio al ángel de Jehová, que estaba en el camino con su espada desnuda en su mano; y se apartó el asna del camino, e iba por el campo. Entonces azotó Balaam al asna para hacerla volver al camino. Pero el ángel de Jehová se puso en una senda de viñas que tenía pared a un lado y pared al otro. Y viendo el asna al ángel de Jehová, se pegó a la pared, y apretó contra la pared el pie de Balaam; y él volvió a azotarla. Y el ángel de Jehová pasó más allá, y se puso en una angostura donde no había camino para apartarse ni a derecha ni a izquierda. Y viendo el asna al ángel de Jehová, se echó debajo de Balaam; y Balaam se enojó y azotó al asna con un palo. Entonces Jehová abrió la boca al asna, la cual dijo a Balaam: ¿Qué te he hecho, que me has azotado estas tres veces? Y Balaam respondió al asna: Porque te has burlado de mí. ¡Ojalá tuviera espada en mi mano, que ahora te mataría! Y el asna dijo a Balaam: ¿No soy yo tu asna? Sobre mí has cabalgado desde que tú me tienes hasta este día; ¿he acostumbrado hacerlo así contigo? Y él respondió: No. Entonces Jehová abrió los ojos de Balaam, y vio al ángel de Jehová que estaba en el camino, y tenía su espada desnuda en su mano. Y Balaam hizo reverencia, y se inclinó sobre su rostro. Y el ángel de Jehová le dijo: ¿Por qué has azotado tu asna estas tres veces? He aquí yo he salido para resistirte, porque tu camino es perverso delante de mí.*
>
> Números 22:23-32

«La palabra Lucifer significa "ángel de la luz". Él se encarnó hace 18 millones de años como las almas humanas. Era un sacrificio hecho dispuesto de parte de Lucifer, para encarnar en materia, a la materia hasta espiritualizarse. Por lo tanto, el hombre o la humanidad es el ángel caído que tiene que demandar su herencia divina con nacimientos incontables en el plano físico que conduce a una serie de lanzamientos».

La Biblia asegura que «el ángel caído», fue lanzado a la tierra como un rayo. También dice que se introdujo dentro de la serpiente. Nunca dice que se hizo hombre.

El único que se hizo carne fue Jesucristo

Satanás miente desde un principio ya que es padre de mentira.

La humanidad no son los ángeles caídos, es más, la humanidad es redimida de su caída por la sangre de Jesús, mientras que Satanás nunca recibirá la restitución de su origen primitivo.

Mensajes diferentes son promocionados de una forma intensa por distintos medios de comunicación y en forma muy efectiva por el Internet, al leer cada uno de ellos te darás cuenta qué es lo que se esconde en verdad detrás de todo esto, algunos de los títulos que nos llamó la atención fueron los siguientes, los que transcribimos literalmente.

Contacta con tu «Círculo Angélico»

Todos tenemos nuestro «Círculo Angélico» personal e individual, compuesto por el Ángel Interno, el Ángel de la Guarda y el Ángel Protector. Mediante este servicio te determinaremos cómo se llaman tus tres ángeles y cómo trabajar con ellos.

Ángel Interno: Es el que te ayuda a conectar más con tu fuerza y tu luz y crecer dentro del sendero de la sabiduría interna.

Ángel de la Guarda: Es el que te ayuda a liberarte de tus pensamientos negativos, que te bloquean y paralizan.

Ángel Protector: Es el que te va pautando tu caminar interno mediante mensajes externos que te llevan a ser más tú y a sentirte más libre en la vida.

Para poder realizarte el presente estudio nos tienes que enviar tus nombres y dos apellidos (paterno y materno) y tu fecha y lugar de nacimiento y tu edad.

Conecta con tus tres Guías Básicos

En cada vida traemos con nosotros tres Guías Básicos para que nos ayuden en las diferentes facetas de nuestra misión de vida. Mediante esta consulta te determinaremos cuáles son tus tres Guías Básicos, en qué te pueden ayudar en este momento de tu vida y cómo conectar con ellos.

Guía del Pasado: Es el que se sita a tu izquierda y te ayudará con temas del pasado.

Guía del Futuro: Es el que se sita detrás de ti y te ayudará en lo que tú tengas que dar a terceras personas.

Guía del Aquí y Ahora: Es el que se sita a tu derecha y te ayuda con cosas específicas del momento actual de tu vida.

Para poder realizarte el presente estudio nos tienes que enviar tus nombres y dos apellidos (paterno y materno), tu fecha y lugar de nacimiento, edad y profesión actual

Para tu vida actual has elegido una vibración energética que se define mediante tu color energético de vida y este a su vez te dará:

Tu Talismán Energético para apoyarte en lo que has venido a lograr, tu piedra energética, tus números y letras más favorables.

Mediante este servicio te determinaremos lo detallado para que comiences a utilizar los mismos a tu favor.

Te das cuenta que todo esto, no es sino las artimañas seductivas del engaño y la mentira de Satanás, induciendo a los humanos a ir envolviéndose más y más en todas aquellas prácticas que tengan que ver con el mundo del ocultismo y las tinieblas.

Podríamos seguir una lista innumerable de mensajes y enseñanza erróneas acerca de los ángeles, pero queremos que a través de todos estos escritos puedas ver con claridad la función y la gloria que se mueve detrás de los verdaderos ángeles del Señor, para que no seas llevado incauto por todos estos falsos mensajes, sino, por el contrario, que entiendas las verdaderas enseñanzas de la Palabra de Dios, con relación a los ángeles, su ministerio y propósito en el plan eterno y encomiable delegado por Dios.

Adelante, te animamos a que continúes leyendo capítulo tras capítulo de este libro, en el que Dios te indicará toda la verdad Bíblica acerca de los ángeles.

Capítulo 2

¿Diálogo con ángeles o con los ángeles caídos?

¡Cuidado! que nos invaden

Hemos considerado conveniente traer una clara y profunda descripción de la realidad de los ángeles al ver la gran proliferación de propaganda y libros especialmente de parte de la Nueva Era y otras filosofías, que confunden la mente de aquellos que les gusta explorar y experimentar cosas nuevas y extrañas.

Mucha de esta literatura y páginas libres al lector a través del Internet hace que las personas entren en una curiosidad para saber su futuro y consultar para tomar decisiones personales a través de lo que ellos creen ser, «ángeles».

Al ser humano por sí solo le cuesta trabajo tomar decisiones, tales como; cambiar de trabajo, manejar situaciones tensas de familia, decisiones sobre su futuro, cómo invertir el dinero, con quién casarse y otras circunstancias de la vida diaria.

Todas estas decisiones del diario vivir diríamos que les son más fáciles resolver por la vía mas cómoda que es la que «les digan» o que se les guíe a tomar ciertas decisiones, sea por un ser superior en estos casos, o por el contrario, consultando un astrólogo, psíquico o vidente.

Dios a través de su Palabra escrita le ha prohibido al hombre, buscar el futuro a través de las estrellas, signos zodiacales, dados, cartas, tirada de cocos, piedras, leída de líneas en las manos, en el iris de los ojos, ángeles, espíritus de muertos o guías superiores.

La consulta a los ángeles es una nueva táctica usada por el espiritismo ya que ahora se cambian las palabras para ser más elocuentes, usando términos modernos, y así engañar más sutilmente.

También hoy se puede encontrar en las librerías en los estantes de Nueva Era una diversidad de libros, conteniendo una amplia información sobre cómo encontrar estas respuestas y recibir mensajes de amor a través de la consulta y relación con los ángeles.

También existen programas cortos o cursos prácticos para que la gente aprenda fácilmente a comunicarse y oír y escribir mensajes de parte de los ángeles.

Queremos analizar profundamente esta parte para dejar bien en claro sin ninguna duda lo que se mueve detrás de este lenguaje tan dulce y amoroso que se encuentra en estas enseñanzas.

¿Consultar al Espíritu de Dios o a los espíritus guías?

Los que conocen o han tenido contacto con un médium saben que hay diferencia entre espíritus familiares o guías, y espíritus superiores.

Aunque ellos niegan muchas veces que estos espíritus guías pueden ser ángeles caídos, veremos con cuánta facilidad las personas interesadas en aprender a consultar con los ángeles sin conocer la Palabra de Dios ni el mundo espiritual, pueden caer en error.

Es más, pudieran estar consultando con espíritus engañadores o demonios sin saberlo.

Ellos aprovechan estas oportunidades para hablar a la mente de los seres humanos y convencerlos que les guía un espíritu bueno, otros creen que su guía proviene de la dimensión angelical.

Buscan el futuro

Comenzaremos buscando la palabra consultar en la Biblia y ella nos aclarará muchas de las dudas que se levantan en torno a este tema.

La raíz primitiva de la palabra consultar, viene de la palabra hebrea *ya'ats* que significa: consejo, consulta, pregunta, buscar consejo, propósito, averiguar.

Dios mismo hablaba a sus siervos en el Antiguo Testamento a través de su propia voz.

Porque los hijos de Israel subieron y lloraron delante de Jehová hasta la noche, y consultaron a Jehová. Jueces 20:23

Vemos muchas veces a Dios hablando directamente con el hombre. Creo que el hombre más favorecido fue Adán el cual dice la Palabra que Dios hablaba directamente con él en forma continua, sin parábolas ni esfuerzo.

Durante el tiempo en que el hombre se mantuvo sin pecado, ir a Dios le era dulce y placentero, es más, su oído se había acostumbrado a oírle y le producía placer y satisfacción hablar con Dios.

Al pecar Adán y comer del fruto prohibido, se levanta un muro infranqueable de separación con la voz o el consultar diariamente a Dios para saber qué hacer cada día.

Esa separación fue algo muy difícil para el hombre ya que ahora tendría que esforzarse a buscar por sí mismo la voluntad de Dios para su vida.

Ahora sería independiente y al tener libre albedrío tendría que buscar en sus propias decisiones para no cometer más errores.

Dios siempre ha querido ser nuestro guía, por eso ha dejado dentro del ser humano el espíritu en el cual se asienta la conciencia.

Dios se revela a un hombre llamado Abram, y le habla audiblemente. Así a Moisés en el Monte Horeb, monte de Dios frente a una zarza envuelta en fuego.

Dios, habiendo hablado muchas veces y de muchas maneras en otro tiempo a los padres por los profetas, en estos postreros días nos ha hablado por el Hijo, a quien constituyó heredero de todo, y por quien asimismo hizo el universo. Hebreos 1:1-2

Cuando vemos a los padres se está refiriendo a los patriarcas del pueblo de Israel, Abraham, Isaac, como Jacob que fue visitado en Bethel y Dios hizo pacto allí con él, cambiando su nombre a Israel.

De muchas maneras vemos como Dios habló al pueblo a través de los profetas.

Y ellos le dijeron: Pregunta, pues, ahora a Dios, para que sepamos si ha de prosperar este viaje que hacemos. Jueces 18:5

Los profetas eran hombres escogidos por Dios por los cuales Dios hablaba a Israel y comunicaba sus mensajes a toda la nación. Eran respetados y sus testimonios demostraban que Dios estaba con ellos.

Dios habla a través de sueños

La otra forma en que hablaba Dios a los gobernantes o reyes de antes era a través de sueños.

Se nos dice que Saúl consultó a Jehová pero este no le contestó.

Y Saúl consultó a Dios: ¿Descenderé tras los filisteos? ¿Los entregarás en mano de Israel? Mas Jehová no le dio respuesta aquel día. 1 Samuel 14:37

Observemos que Saúl sigue insistiendo en conocer su futuro y Dios calla ante su insistencia.

Y consultó Saúl a Jehová; pero Jehová no le respondió ni por sueños, ni por Urim, ni por profetas. 1 Samuel 28:6

Usted busca a Dios a través de sueños y no le responde

La otra forma en que Saúl consultó fue a través del pectoral que usaban los sacerdotes en su vestimenta por encima de la túnica. EL URIM Y TUMIM.

Él se pondrá delante del sacerdote Eleazar, y le consultará por el juicio del Urim delante de Jehová; por el dicho de él saldrán, y por el dicho de él entrarán, él y todos los hijos de Israel con él, y toda la congregación. Números 27:21

Dios ha hablado como dice el libro de Hebreos a través de los tiempos de muchas maneras, así como los consejos de los ancianos, que se reunían a la puerta de la entrada de la ciudad y con su sabiduría de años aconsejaban al pueblo los problemas cotidianos.

Pero así como el pueblo de Dios en el tiempo antiguo tenían a su Dios Jehová, la ley escrita, la voz de Dios en el tabernáculo, el pectoral y los profetas para poder consultar, vemos en el ejemplo dado que aun así Saúl se empecinó en consultar a una adivina, una mujer que tenía espíritu de adivinación.

> *Entonces Saúl dijo a sus criados: Buscadme una mujer que tenga espíritu de adivinación, para que yo vaya a ella y por medio de ella pregunte. Y sus criados le respondieron: He aquí hay una mujer en Endor que tiene espíritu de adivinación.* 1 Samuel 28:7

Dios castigó grandemente la incontrolada ansia del rey Saúl por saber el futuro y por consultar a los ídolos y consultar aquello que tenía que ver con las prácticas del ocultismo.

También vemos que Dios no quiere que se le consulte a otro dios, ídolo, santo o ángel fuera de su persona.

> *Hijo de hombre, estos hombres han puesto sus ídolos en su corazón, y han establecido el tropiezo de su maldad delante de su rostro. ¿Acaso he de ser yo en modo alguno consultado por ellos?* Ezequiel 14:3

La gente se equivoca por ignorancia. La Biblia nos dice que en estos tiempos nos ha hablado por su Hijo. Jesucristo es el camino para conocer nuestro propio futuro a través del Padre Dios.

Toda consulta a otro ser o espíritu es pecado contra Dios mismo. Dios nos ha dejado su Palabra hablada para que consultemos y conozcamos nuestros caminos y cómo conducirnos en nuestra relación antes del matrimonio, como casados, la relación con nuestros hijos y nuestros semejantes.

¿Por qué consultar a los espíritus de las tinieblas si Dios es un Dios que escucha y habla?

Será que al no conocer a Dios ni a su voz muchos caen en las redes oscuras de la desobediencia como hizo Saúl en consultar con el espíritu de adivinación.

Muchos dirán que el consultar a los ángeles no se refiere a la adivinación, sí, es cierto, los espíritus guías son diferentes, pero eso es como la tabla «wuija» se consulta para tener relaciones con el mundo del más allá o espiritual y la persona entra en contacto con seres superiores que fácilmente los pueden engañar.

Cómo analizar los «mensajes de los ángeles».

Cada vez estos mensajes se encuentran en más lugares, veamos si estos coinciden con la verdadera revelación de Dios.

«En el pasado actuaste correctamente, goza el presente, haz lo que te gusta, recibe nuestro amor».

La Palabra de Dios nos enseña que antes (en el pasado) nos movíamos y estábamos bajo el espíritu de desobediencia, eso quiere decir que hasta que fuimos trasladados al reino de su Hijo amado estábamos bajo el reino de las tinieblas. Solo Cristo hace la diferencia en nosotros.

> *El cual nos ha librado de la potestad de las tinieblas, y trasladado al reino de su amado Hijo.* Colosenses 1:13

Es imposible creer que un ángel enviado por Dios contradiga la Palabra escrita que es fiel y sale de la boca de Dios, nadie nos puede decir que actuábamos bien sin que nuestros pecados hubieran sido lavados por la sangre derramada en la cruz.

Sigue el «mensaje» y dice «haz lo que te gusta». Si fuera un mensaje traído por el sentir de Dios nunca diría «haz lo que te gusta» porque a la naturaleza caída en la que estamos sujetos, siempre le gusta hacer lo contrario a la voluntad de Dios.

Si el mensaje viniera del Espíritu de Dios, la eterna verdad, te diría «haz la voluntad de Dios y no sigas la corriente de tus impulsos naturales».

«...ten la seguridad de que te amamos y que siempre estaremos a tu lado para confortarte».

La Biblia nos habla del Consolador Divino. El Espíritu Santo que vendría en el Pentecostés para estar y guiar al pueblo de Dios. Jamás las Escrituras nombran a los ángeles como consoladores.

Sí las Escrituras nos hablan que servían a Jesús.

> *El diablo entonces le dejó; y he aquí vinieron ángeles y le servían.* Mateo 4: 11

El consuelo es divino y solo viene de parte del Espíritu de Dios

Mas el Consolador, el Espíritu Santo, a quien el Padre enviará en mi nombre, él os enseñará todas las cosas, y os recordará todo lo que yo os he dicho. Juan 14:26

Jesucristo fue el encargado de dar a conocer al Espíritu Santo como el verdadero y genuino consolador.

En varias oportunidades antes de finalizar su ministerio Jesús se refirió a él y dijo que era necesario que él se fuera para que el Consolador viniera.

Vemos en el Pentecostés la manifestación del Espíritu Santo en su plenitud así como bautizar en llamas de fuego a todos los creyentes que esperaban la promesa que Jesús había dado antes de ascender a los cielos.

Veamos otro mensaje

«Estaremos a tu lado todo el día».

Y he aquí yo estoy con vosotros todos los días, hasta el fin del mundo. Estas fueron las palabras que Jesús habló en el monte de los Olivos antes que ascendiera al cielo.

Él fue el que prometió estar con nosotros hasta el fin. No se estaba refiriendo al «mundo» como planeta sino como organización social.

Si un ángel puede estar al lado de un hijo de Dios, no podemos compararlo con la presencia de Jesús al lado nuestro, que nos llena a plenitud. El Señor se presenta cual poderoso gigante que peleará por aquellos que confían en él.

Como veremos en los siguientes capítulos el ángel de JHVH acampa alrededor de los que le temen y los defiende de los ataques de las fuerzas del mal. También ayuda para alcanzar a llegar a la presencia de Dios. Pero siempre debes distinguir que su presencia es superior a todo.

«Dios es Amor, Padre, Madre, Alá, Ser Supremo, Diosa, es a quien todos, hasta nosotros los ángeles dirigimos nuestras plegarias».

Queremos hacer notar el error en estos mensajes y desenmascarar la sutileza del enemigo que usa las mentes débiles para engañar, si fuera posible, a los escogidos. En este supuesto mensaje angelical podemos notar el espíritu de unidad falsa que se mueve en el mundo, y en la Nueva Era.

Oye, Israel: Jehová nuestro Dios, Jehová uno es. Deuteronomio 6:4

Cuando queremos nivelar a Dios con dioses falsos o compararlo con criaturas creadas por su propia mano, estamos pecando contra su Majestad y Divinidad.

Dios le habló a Israel y le dijo: *No te harás imagen fuera de mí, porque no hay otro Dios sino Dios.*

Vemos claramente que este mensaje es completamente erróneo, es más podemos ver el espíritu de la apostasía en él.

La Nueva Era y su filosofía humanística que dice que todo es dios, el aire, el sol, lo que tocas y hasta tú mismo, dios lo llena todo y si destruyes algo también destruyes a dios.

En este mensaje se puede percibir un «mensaje subliminal» el cual hace creer a las mentes incautas que todo los caminos llevan a Dios, o todas las religiones te elevan a ser un ser superior.

JHVH no es Alá, ni siquiera es una DIOSA.

La Nueva Era llama diosa a muchas cosas, pero en particular a la «Madre Tierra» la cual como se ve en el vocablo es femenina y es la madre de todo lo creado.

El Salmo 150 dice: *Todo lo que respira alabe a Jehová. Alabad al Dios de los dioses, porque para siempre es su misericordia. Alabad al Señor de los señores, porque para siempre es su misericordia.* Salmo 136:2-3

El creador es digno de alabanza, aun la tierra y su plenitud le pertenecen a él.

«Cuando se vayan de la tierra y se acabe tu labor aquí, se integrarán a un nuevo mundo, y desde allá ayudarán a quienes se hayan quedado aún en el planeta»

La Palabra nos dice claramente que los muertos no tienen contacto con los vivos. Por lo tanto es imposible que al morir alguien pueda vigilar o guiar a un familiar o ser querido que vive en la tierra, eso es imposible.

En los Evangelios Jesús relató la historia del rico y Lázaro el pobre que comía de las migajas que caían de la mesa del hombre rico.

> *Aconteció que murió el mendigo, y fue llevado por los ángeles al seno de Abraham; y murió también el rico, y fue sepultado. Y en el Hades alzó sus ojos, estando en tormentos, y vio de lejos a Abraham, y a Lázaro en su seno. Entonces él, dando voces, dijo: Padre Abraham, ten misericordia de mí, y envía a Lázaro para que moje la punta de su dedo en agua, y refresque mi lengua; porque estoy atormentado en esta llama. Pero Abraham le dijo: Hijo, acuérdate que recibiste tus bienes en tu vida, y Lázaro también males; pero ahora éste es consolado aquí, y tú atormentado. Además de todo esto, una gran sima está puesta entre nosotros y vosotros, de manera que los que quisieren pasar de aquí a vosotros, no pueden, ni de allá pasar acá.*
> Lucas 16:22-26

Este relato muestra claramente que hay un abismo de separación entre los vivos y los muertos.

Otro texto dice:

> *Porque el Seol no te exaltará, ni te alabará la muerte; ni los que descienden al sepulcro esperarán tu verdad.* Ezequiel 38:18

Sigamos analizando con atención estos falsos mensajes traídos por espíritus de error, para engañar a las mentes que se inclinan hacia estas cosas.

«Nosotros los ángeles nos hemos vuelto tus maestros»

Seguimos recordando, que solo a Jesucristo se le dio el título de «maestro».

La palabra Rabboni es la que significa maestro de la ley, va más allá de un simple maestro, esto tiene que ver con una persona capacitada para enseñar, esta palabra está unida en su expresión a Cristo y Señor.

Por eso no podemos creer que los ángeles se autoproclamen maestros y le quiten la gloria al único y sabio conocedor de la palabra, que es Jesús.

Los espíritus guías quieren tomar control de la mente y guiar a las personas que los han invocado a engaños y errores progresivos.

Ellos siempre exaltan el yo de la persona y lo lleva por un camino placentero y les dan «cierto» poder para que ella se sienta segura de sí misma.

Nuestra mente tiene que glorificar siempre a nuestro Dios ya que el hombre todo lo que tiene y posee se lo debe a él.

«La clave del éxito es pedir lo que deseas».

Jesús antes de entregarse a los soldados de Roma para ser crucificado, en esa noche oró tres veces: «Padre si fuera posible pasa de mí esta copa pero no se haga mi voluntad sino la tuya».

Aquí vemos el ejemplo de Cristo siempre buscando la voluntad suprema de Dios antes de la humana. No siempre lo que deseamos es lo mejor para nosotros. Además, en este supuesto mensaje vemos que se insinúa pedir solo lo que deseas, no interesa ni es importante la voluntad de Dios en esta declaración.

A través del Padrenuestro, Jesús nos enseña «Sea hecha tu voluntad» y Cristo mismo nos enseñó a pedir al Padre en el nombre de Jesús, jamás se nombra el pedirle a Dios a través de los ángeles.

«Nuestra energía te hará sentir muy bien»

Aquí vemos un término muy usado por la Nueva Era «energía». Una palabra usada por la filosofía china.

La ciencia de Yin y el Yan dice que el ser humano tiene dos canales generales corriendo a través de todo el cuerpo la energía positiva y la energía negativa.

La acupuntura es una de las ciencias orientales, conocida como medicina holística o alternativa, que declaran que a través de introducciones de agujas a través de los diferentes canales meridionales se desprende la energía positiva del cuerpo. Quitando las negativas para que las positivas estén bien equilibradas.

También vemos esta palabra usada por los que curan con las piedras del cuarzo, ellas son puestas en ciertas partes del cuerpo para dar energía positiva.

El ocultismo usa mucho esta palabra, es la forma de dar a entender el poder de los ángeles caídos o espíritus demoníacos que tienen dominio sobre el ser humano.

Por eso en este mensaje podemos discernir claramente el lenguaje que usan las personas que están acostumbradas a tratar con lo oculto en el mundo espiritual.

«El temor y la soledad desaparecerán»

La presencia de un ángel nunca ocupa el lugar de Cristo en nuestra alma y espíritu. Ni tampoco la llenura y paz que solo el Espíritu de Dios nos puede dar.

Nuestra soledad desaparece cuando nuestro vacío interior es llenado con su presencia. Un ser angelical jamás puede quitar la soledad de un ser humano. Eso no está en las Sagradas Escrituras.

«La gente se dará cuenta que has cambiado»

La epístola del Apóstol Pablo a los Romanos dice lo siguiente:

> *De modo que si alguno está en Cristo, nueva criatura es; las cosas viejas pasaron; he aquí todas son hechas nuevas.* 2 Corintios 5:17

A veces podemos cambiar para mal y la gente nos ve diferente. Si podemos creer que personas que comienzan a tener contacto con seres espirituales y entran al mundo espiritual sin tener una cobertura o aprobación en Dios y en su Palabra, creemos que pueden cambiar pero no para bien, no para recibir la verdad que los libertará.

«En tu rostro se reflejará la paz, y el éxito será tuyo».

Jesús es el único autor y dador de la paz verdadera e interior. «Mi paz os doy no como el mundo os la da» aquí vemos que el mundo nos puede dar una falsa paz. Jamás un ángel tendrá autoridad para dar paz, ese atributo es Divino y solo le pertenece a Cristo.

«Abran sus mentes a la habilidad y permitan que llegue a ustedes»

La meditación trascendental, el yoga y las otras prácticas hinduistas enseñan a relajar la mente y ponerla en meditación, eso lleva a poder aprender a dejar la mente en blanco por espacio de un tiempo.

Al lograr ese estado el ser humano abre puertas espirituales a que otro ser, sin ser uno mismo, pueda controlar esa mente.

Generalmente, los demonios pueden tomar control en ese momento y si la persona sigue practicando ese estado, como enseñan los budistas y otras religiones, estas personas podrán ser inducidas a una pseudo «paz» y podrán percibir en su interior mensajes o energía u otras sensaciones que irán trayendo expectativa a su búsqueda interior, y a la vez un estado de cautividad y seducción diabólica.

Este método de abrir la mente es muy peligroso, cuando una persona cae bajo un estado de manifestación o está bajo el control de los espíritus inmundos, esto es notorio.

La persona pierde completamente la mente y no recuerda después lo que pasó o lo que hizo bajo el estado de inconsciencia.

Pero cuando el Espíritu de Dios toca una vida la persona nunca pierde la conciencia es decir, puede haber caído bajo el poder de Dios pero está oyendo y percibiendo con sus ojos cerrados donde está sin perder su estado consciente.

Hay que tener cuidado en estos tiempos de confusión y no dejar que manifestaciones demoníacas hagan creer que son del Espíritu de Dios.

«Respira y abre tu mente, simplemente recibe serenidad»

Recuerdo que hace muchos años en una reunión en Montevideo, Uruguay, mientras que en un culto se estaba adorando a Dios ya casi para finalizar la reunión, comenzó una persona desconocida a traer un mensaje en una lengua diferente nunca oída.

Era un hombre joven de buen aspecto vestido con su traje bien formal. El sonido de sus extrañas palabras era como un idioma dulce al oído, con un acento alemán. Ese sonido cautivó los oídos de todos los presentes, es más había una expectativa como que Cristo traería un mensaje. Después de diez minutos todos quedaron en silencio esperando la interpretación que nunca hubo.

Aquello acabó con una simple oración de despedida y sin explicación cada uno se fue a su hogar. Pasados unos cinco días se realizaba a 600 kilómetros de distancia del lugar una convención regional en la ciudad de Rivera, con varias iglesias del país reunidas.

En una de las noches comenzó a manifestarse un demonio que gritaba «yo soy un príncipe de las tinieblas y de aquí no me voy» la lucha se hizo fuerte y toda la atención fue para esa persona que con una furia descontrolada abatía con sus puños a todo aquel se le acercaba.

Para mi asombro comprobé que ese hombre transformado completamente y fuera de sí, era el mismo que en noches anteriores llamó sutilmente nuestra atención.

Esa persona no fue libre, simplemente fue descubierto por el poder de Dios. ¿Por qué no fue libre? Pues porque él no vino buscando de Dios, sino que fue traído por el poder de Satanás para introducirse en la congregación de los santos y si no hubiera sido descubierto se hubiera infiltrado y haber causado mucho daño en el pueblo de Dios.

«Nosotros llegamos a través del aire para podernos introducir dentro de su cuerpo, primero los rodeamos de energía, nos deslizamos hasta vuestras células a través de la respiración»

Aquí se observa como un demonio puede poseer una persona. Esto no es un mensaje angelical sino un mensaje demoníaco.

En primer lugar, jamás un ángel de Dios puede posesionarse de un cuerpo.

En el Evangelio de Mateo, Jesús enseñando a sus discípulos dice:

> *Cuando el espíritu inmundo sale del hombre, anda por lugares secos, buscando reposo, y no lo halla. Entonces dice: Volveré a mi casa de donde salí; y cuando llega, la halla desocupada, barrida y adornada. Entonces va, y toma consigo otros siete espíritus peores que él, y entrados, moran allí; y el postrer estado de aquel hombre viene a ser peor que el primero.* Mateo 12:43-45

«Nuestra voz es la misma que siempre habréis oído que os recuerda las cosas»

Mas el Consolador, el Espíritu Santo, a quien el Padre enviará en mi nombre, él os enseñará todas las cosas, y os recordará todo lo que yo os he dicho. Juan 14:26

Las Sagradas Escrituras jamás hablan de que los ángeles nos recordarían las cosas.

El Señor Jesús afirmó que el Espíritu Santo sería el que recordaría las palabras de Dios en el corazón, para confirmar su voluntad.

«Cuando hayas escrito las frases luego de terminar te olvidarás de todo».

Como has leído en el párrafo anterior cuando Dios te da una palabra o te recuerda a través del Espíritu Santo una promesa hecha por él en la Biblia no permite que se te olvide ni que se te borre de tu mente.

Así será mi palabra que sale de mi boca; no volverá a mí vacía, sino que hará lo que yo quiero, y será prosperada en aquello para que la envié.
Isaías 55:11

Como ya hemos mencionado el estado bajo influencias demoníacas son las que hacen perder el estado consciente de la persona.

«Te ayudaremos a crecer tan rápido como sea necesario para que te desarrolles al máximo en esta vida».

Yo planté, Apolos regó; pero el crecimiento lo ha dado Dios.
1 Corintios 3:6

Vemos que el crecimiento espiritual y físico le pertenece a Dios solamente.

¿Y quién de vosotros podrá, por mucho que se afane, añadir a su estatura un codo? Mateo 6:27

«Pídenos para estar a tu lado. Ten fe y confía en que recibirás un mensaje».

Nuevamente podemos testificar y discernir quién dijo: He aquí yo estoy con vosotros todos los días hasta el fin del mundo.

Solamente a Jesús se le atribuye el poder de Dios, solo él es Omnipresente, es decir, que puede estar en todo lugar a la misma vez, los ángeles criaturas creadas por Dios no tienen esta virtud.

«No temas, te amo, yo te guiaré, aprende, soy el bendito».

Aquí podemos notar una gran blasfemia por parte del supuesto «ángel». El atributo del amor es un don que le pertenece a Dios.

> *Dios es amor.* 1 de Juan 4:8

«Yo te guiaré». Anteriormente hemos mencionado que solo el Espíritu de Dios os guiará a toda verdad.

> *Pero cuando venga el Espíritu de verdad, él os guiará a toda la verdad; porque no hablará por su propia cuenta, sino que hablará todo lo que oyere, y os hará saber las cosas que habrán de venir.* Juan 16:13

> *«Yo soy el bendito» un verdadero ángel no puede auto proclamarse «bendito». Cristo se refirió a los redimidos por la sangre de Jesús cuando dice: Entonces el Rey dirá a los de su derecha: Venid, benditos de mi Padre, heredad el reino preparado para vosotros desde la fundación del mundo.* Mateo 25:34

«¡Buenos negocios! La curación ha llegado».

Este mensaje parece de buen augurio, como los del horóscopo. Te saldrá bien… recibirás buenas noticias… recibirás una carta… o quizás aprovecha la situación.

Cuando Dios mandó a sus ángeles verdaderos siempre lo hizo con un fin específico; a uno de sus siervos, es decir, personas que servían a Dios, y necesitaban ayuda para salir de un apuro. Pero Dios no mandó a su ángel como si fuera un simple tirador de cartas que adivina el futuro.

La Palabra de Dios es el manual donde está escrito el camino y las leyes donde el hombre y la mujer tienen que transitar, no se deben buscar mensajes extrasensoriales para encontrar el futuro, ya que si la persona ha conocido a Cristo tiene que saber que su vida y futuro están asegurados en las manos del Señor Jesucristo.

«Concéntrate en tu labor, esta tarea cambiará tu vida y te dará grandes satisfacciones y sanarás a los demás».

No creo que la palabra «sanar» sea la correcta, si el ángel hubiera dicho ayudar no apelaríamos a este mensaje pero el decir «curar» nos da evidencia una vez más que estos mensajes no provienen de la fuente de verdad que está en Cristo Jesús.

Para sanar a los demás tenemos que poseer poderes que sean superiores a los humanos. De parte del hombre no hay poder en sí mismo para curar.

El curandero o hechicero puede mover ciertos (no todos) espíritus de enfermedades del cuerpo de las personas oprimidas, pero no puede traer liberación total de las vidas. Y en caso que le sanara una dolencia le pondrá otra para que siempre esté atado y tenga que venir a su consulta a menudo.

Es más, las Sagradas Escrituras hablan del Sanador Divino por excelencia: Yo soy el Señor tu Sanador ... y dijo: Si oyeres atentamente la voz de Jehová tu Dios, e hicieres lo recto delante de sus ojos, y dieres oído a sus mandamientos, y guardares todos sus estatutos, ninguna enfermedad de las que envié a los egipcios te enviaré a ti, porque yo soy Jehová tu sanador. Éxodo 15:26

Jesucristo es el médico divino

Vemos en todo su ministerio, que la virtud sanadora se manifestaba continuamente mientras recorría la tierra de Palestina.

Y cuando llegó la noche, trajeron a él muchos endemoniados; y con la palabra echó fuera a los demonios, y sanó a todos los enfermos; para que se cumpliese lo dicho por el profeta Isaías, cuando dijo: Él mismo tomó nuestras enfermedades, y llevó nuestras dolencias. Mateo 8:16-17

Lucas nos dice en su libro de Hechos de los apóstoles: Cómo Dios ungió con el Espíritu Santo y con poder a Jesús de Nazaret, y cómo éste anduvo haciendo bienes y sanando a todos los oprimidos por el diablo, porque Dios estaba con él. Hechos 10:38

Ningún ángel verdadero dará realce al ser humano y le quitará la gloria al Cristo Sanador. Los verdaderos ángeles saben que el hombre es incapaz de curar a otro por su propia naturaleza. Veamos otro mensaje:

«Somos energía positiva, somos luz»

La Biblia dice que el mismo Satanás se disfrazará si fuere necesario como ángel de luz para engañar aun a los mismos escogidos.

> *Otra vez Jesús les habló, diciendo: Yo soy la luz del mundo; el que me sigue, no andará en tinieblas, sino que tendrá la luz de la vida.* Juan 8:12

La verdadera luz espiritual y física proviene de Dios. El ángel caído y sus seguidores viven ahora en tinieblas y oscuridad espiritual.

Antes de la caída era Lucero de la mañana. De aquí se deriva la palabra del entonces llamado Lucifer. Era hijo de la mañana, portador de la luz en la gran expansión antes de la creación de la tierra. Que portara la luz no quiere decir que fuese la luz.

Recordamos nuevamente que Dios es la luz, y los demás seres solo viven bajo la luz o ministran en el fuego de Dios, pero solo Dios es luz inaccesible.

La Biblia nos enseña que solo le tenemos que pedir al Padre en el nombre de Jesús.

«Pídenos ayuda y haz un retrato de tu ser superior»

Vemos un error en este mensaje. Esto nos confirma una vez más que no proviene de ángeles de Dios sino de ángeles caídos. La Palabra de Dios no se puede contradecir a sí misma.

Nuestro ser superior (el yo humano, o la naturaleza caída) la Palabra de Dios con relación a esta declaración, indica que se tiene que hacer morir el viejo hombre lleno de pecado.

> *En cuanto a la pasada manera de vivir, despojaos del viejo hombre, que está viciado conforme a los deseos engañosos.* Efesios 4:22

Se debe hacer morir las obras de la carne o la naturaleza caída, la que se ha heredado por consecuencia del primer Adán

Es necesario que él crezca, pero que yo mengüe. Juan 3:29

«Cuando te encuentras con un ángel maestro o un ángel guerrero, acudimos ante ti y asumimos la apariencia que más convenga».

Podemos darnos cuenta aquí de dos grandes errores en este «mensaje».

En primer lugar no se le ha dado poder a ningún ángel para ser maestro o guía de nadie como ya lo hemos visto anteriormente, queremos entrar aquí en detalles específicos para no dejar duda de la expresión «ángel maestro» o «te enseñaremos».

Quieren tomar posesión de los cuerpos de los humanos y desde la mente de ellos guiarlos, y darles inteligencia, para llevarlos por los caminos del error y destrucción.

A Jesús se le llamó Maestro, Rabí o *Rabboní,* que significa, *Vrhabboni* o *rhabbouni hrab-boo-nee'* en arameo, original Señor (Cristo*) Rabboni* (Cristo). Maestro o el que enseña la ley de Dios.

Por eso es muy difícil que un ángel le quite la gloria a Dios y se nombre «Maestro» título que solo se le da en honor a Jesucristo el Señor. Traducido el Mesías.

Jesús le dijo: ¡María! Volviéndose ella, le dijo: ¡Raboni! (que quiere decir, Maestro). Juan 20:16

Los ángeles bajo la orden de JHVH de los ejércitos.

En segundo lugar, los ángeles guerreros comandan en los lugares celestes, bajo la orden del Comandante en Jefe, su nombre máximo se describe en 1 Samuel 17:45: «El Nombre de Jehová de los ejércitos, el Dios de los Escuadrones de Israel».

Vemos que la palabra JHVH, (Jehová) es Señor máximo, dueño.

Jehová de los ejércitos. Ejércitos se traduce, el principal en dar órdenes, guerra, ejército, batalla, servicio. El que designa el tiempo de guerra, soldados compañía.

1) El que va adelante. El que da las órdenes:

   a) A su ejército

   b) Al ejército de ángeles

   c) Al ejército de la creación entera

Aquí vemos el dueño de toda la creación, tanto los ángeles como los ejércitos adiestrados para la guerra, también el ejército de los cielos, la luna, el sol y las estrellas obedeciendo todos a Jehová el Señor.

El Dios de los escuadrones de Israel. Era el título prominente dado a Dios el Señor de Israel en el Antiguo Testamento.

«Somos el puente entre Dios y el hombre»

Queremos seguir aclarando que toda persona que quiere y busca conocer la verdad, Dios la ayudará a encontrarla.

Jesucristo mismo habló diciendo:

> *Le dijo Tomás: Señor, no sabemos a dónde vas; ¿cómo, pues, podemos saber el camino? Jesús le dijo: Yo soy el camino, y la verdad, y la vida; nadie viene al Padre, sino por mí.* Juan 14:5-6

Jesucristo mismo se reveló como el puente directo a Dios Padre, Yo soy, expresión eterna, dicha a Moisés, el Yo soy también se revela a sus discípulos como el único puente, el único camino.

Los ángeles cumplen órdenes, pueden dar mensajes, pero nunca serán lo que Jesucristo es, él es el único camino directo al Padre.

Si quieres recibir la guía correcta para tu vida recuerda que en Jesucristo se encuentra la vida eterna. Solo él te ofrece paz verdadera y salvación.

El que a mí viene no le echo fuera, Jesucristo, es la única y verdadera respuesta a todas tus interrogantes y dudas, si lo aceptas a él lo tienes todo, pero si lo rechazas lo has perdido todo, incluyendo la vida eterna.

Capítulo 3
Angelología

Los ángeles son seres superiores al hombre, creados por Dios, pero diferentes a la raza humana. El hombre es formado del polvo mientras los ángeles fueron creados.

Síntesis práctica sobre la naturaleza de los ángeles.

¿Quiénes son los ángeles y de dónde vinieron?

La palabra «ángel» se deriva de la palabra griega *angelos* que significa «mensajero». Son llamados también *Bene Elohim* es decir, «hijo de Dios» o «ejército del Señor».

> *Y hay cuerpos celestiales, y cuerpos terrenales; pero una es la gloria de los celestiales, y otra la de los terrenales.* 1 Corintios 15:40

Los ángeles no tienen sexo

No se casan ni se reproducen. Aunque en números ellos son millares de millares.

Los saduceos, hombres religiosos de la época de Jesús, le preguntaron acerca de la resurrección. Sin embargo, en la pregunta vemos una enseñanza sobre los ángeles y las personas que entrarán en el cielo llamados por Jesús en esta circunstancia, los «dignos de alcanzar aquel siglo». O «siglo venidero».

Y la tomó el segundo, el cual también murió sin hijos.

La tomó el tercero, y así todos los siete, y murieron sin dejar descendencia. Finalmente murió también la mujer. En la resurrección, pues, ¿de cuál de ellos será mujer, ya que los siete la tuvieron por mujer?

Entonces respondiendo Jesús, les dijo: Los hijos de este siglo se casan, y se dan en casamiento; mas los que fueren tenidos por dignos de alcanzar aquel siglo y la resurrección de entre los muertos, ni se casan, ni se dan en casamiento.

Porque no pueden ya más morir, pues son iguales a los ángeles, y son hijos de Dios, al ser hijos de la resurrección. Lucas 20:30

Vemos aquí que solo a «los dignos de entrar en el reino de los cielos», se les ha prometido, es decir todos aquellos que experimentarán la resurrección de los muertos. Estas personas que entrarán en el cielo tendrán cuerpos glorificados, serán semejantes a los ángeles.

En el cielo, primero, nunca más experimentarán muerte, segundo, serán iguales a los ángeles y tercero, tendrán el mismo derecho legal de ser hijos de Dios al ser hijos de la resurrección.

El término «nunca morirán» es solo usado para los seres angelicales, mas a todos aquellos que fueron adoptados como hijos de Dios, estos también han sido llamados para alcanzar las bendiciones del cielo y vivir por la eternidad junto con Dios.

En amor habiéndonos predestinado para ser adoptados hijos suyos por medio de Jesucristo, según el puro afecto de su voluntad. Efesios 1:5

Observemos este principio notable, es decir serán hijos de Dios al entrar en la transformación de su cuerpo mortal en espiritual y glorificado como Cristo. El Señor Jesús murió y resucitó. Primicias de los que durmieron es hecho.

Mas ahora Cristo ha resucitado de los muertos; primicias de los que durmieron es hecho. Porque por cuanto la muerte entró por un hombre, también por un hombre la resurrección de los muertos. Porque así como en Adán todos mueren, también en Cristo todos serán vivificados. Pero cada uno en su debido orden: Cristo, las primicias; luego los que son de Cristo, en su venida. 1 Corintios 15:20-23

Quiere decir que al ser escogidos por Dios y recibir la salvación por la fe en Jesucristo recibimos el privilegio de ser primicias de su creación y seremos semejantes a los ángeles (después de la muerte al ser participantes de la resurrección de los muertos).

Él, de su voluntad, nos hizo nacer por la palabra de verdad, para que seamos primicias de sus criaturas. Santiago 1:18

En base a estos pensamientos, cabe destacar, que los ángeles no se casan ni los redimidos ya en el cielo, porque en el cielo no existe la muerte.

Queremos hacer notar que muchas veces se refiere a ellos como a «santos» o «santas decenas de millares de ángeles».

Los santos de Dios

Muchas veces son mencionados los «ángeles» como los «santos de Dios». Toman este nombre por ser criaturas sin pecado, tan cerca del creador que la santidad y el brillo divino los rodea. Los ángeles que aparecieron en la tumba vacía después de la resurrección de Cristo, eran de aspecto como de un relámpago.

Su aspecto era como un relámpago. Mateo 28:3

Aquí se pararon junto a ellas dos varones con vestiduras resplandecientes. Lucas 24:4

El resplandor es parte de la gloria de Dios, al ser criaturas que están cerca de Dios su brillo se les queda impregnado; así le sucedió a Moisés cuando bajó del monte después de estar cara a cara con Dios cuarenta días, su rostro brillaba a tal punto que los hijos de Israel no podían mirarlo.

Jehová vino de Sinaí, Y de Seir les esclareció; resplandeció desde el monte de Parán, y vino de entre diez millares de santos, con la ley de fuego a su mano derecha. Deuteronomio 33:2

La palabra profética en el libro de Zacarías ya había anunciado de antemano, que su venida por segunda vez a la tierra sería con sus santos ángeles.

Vendrá Jehová mi Dios, y con él todos los santos. Zacarías 14:5

Cuando el Hijo del Hombre venga en su gloria, y todos los santos ángeles con él, entonces se sentará en su trono de gloria. Mateo 25:31

La venida visible de Cristo será con gran gloria, es decir el resplandor y majestad estará manifestada en la gran compañía de sus santos ángeles que le acompañarán.

Un número infinito de criaturas angelicales.

Sino que os habéis acercado al monte de Sión, a la ciudad del Dios vivo, Jerusalén la celestial, a la compañía de muchos millares de ángeles. Hebreos 12:22

En algunas ocasiones se nos habla de muchos millares de ángeles. En otros textos bíblicos se menciona a decenas de millares, eso nos da a entender un número vasto de ellos.

De éstos también profetizó Enoc, séptimo desde Adán, diciendo: He aquí, vino el Señor con sus santas decenas de millares. Judas 1:14

Además de señalarnos el glorioso estado de santidad de los ángeles, también en este texto vemos una descripción del número angelical, ahora leemos que de las decenas de millares pasa a veintenas de millares de millares.

Los carros de Dios se cuentan por veintenas de millares de millares; el Señor viene del Sinaí a su santuario. Salmo 68:17

Los carros del ejército celestial se cuentan por veintenas de millares y se caracterizan por ser de gran brillo y resplandecientes, estos carros son de fuego.

En muchas ocasiones Dios hizo que su ejército celestial se pudiera ver a través del ojo humano. Este ejemplo lo vemos en el profeta Eliseo, cuando estaba rodeado del ejército Sirio, este ejército además de ser poderoso en estrategias era poderoso en número.

Eliseo sabía que los ángeles de Dios estaban a su disposición en esa batalla, aunque físicamente el profeta estaba solo. Sabía que Jehová pelearía por él, cuando vinieran a buscarlo, su confianza estaba en JHVH, no así su siervo Giezi, que no estaba ejercitado en la fe ni en la oración.

Dios le concede la petición al profeta y le abre los ojos espirituales al siervo para que vea el poderoso ejército espiritual de ángeles transformados en carros de fuego, los cuales rodeaban al profeta Eliseo.

El mundo espiritual existe y es real, estos ángeles y carrozas de fuego existen y son una realidad hoy, ellos están disponibles para todos los fieles.

Nuestras oraciones moverán los carros de Dios a favor de la Iglesia en los tiempos en que vivimos.

> *Entonces envió el rey allá gente de a caballo, y carros, y un gran ejército, los cuales vinieron de noche, y sitiaron la ciudad. Y se levantó de mañana y salió el que servía al varón de Dios, y he aquí el ejército que tenía sitiada la ciudad, con gente de a caballo y carros. Entonces su criado le dijo: ¡Ah, señor mío! ¿qué haremos? Él le dijo: No tengas miedo, porque más son los que están con nosotros que los que están con ellos. Y oró Eliseo, y dijo: Te ruego, oh Jehová, que abras sus ojos para que vea. Entonces Jehová abrió los ojos del criado, y miró; y he aquí que el monte estaba lleno de gente de a caballo, y de carros de fuego alrededor de Eliseo.* 2 Reyes 6:14-17

Millones de millones de ángeles

El Apóstol Juan, en su revelación, ve a los ángeles de Dios rodeando el trono, y al no poder contar el número dice que había millones de millones, es decir un número incontable de criaturas.

> *Y miré, y oí la voz de muchos ángeles alrededor del trono, y de los seres vivientes, y de los ancianos; y su número era millones de millones.* Apocalipsis 5:11

¿Para qué fueron creados los ángeles?

Los ángeles son criaturas creadas por Dios para que le sirvan y le adoren.

Alabadle, vosotros todos sus ángeles; alabadle, vosotros todos sus ejércitos. Alaben el nombre de Jehová; porque él mandó, y fueron creados. Los hizo ser eternamente y para siempre. Salmo 148:2,5-6

Lo que podemos decir de estas criaturas maravillosas es lo que la luz de las Escrituras nos revela.

Sabemos que es un mundo que está sobre nosotros y Dios es adorado y atendido por millares de millares de ellos.

Solo a la iglesia triunfante y verdadera se le dio la revelación de Jesucristo, misterio escondido por siglos; para dar a conocer a los principados y potestades, el propósito eterno de Jesucristo a través del evangelio predicado con revelación del Espíritu de Dios.

Los ángeles le alababan por su grandeza y nosotros los redimidos, ¿acaso no le alabaremos con todo nuestro entendimiento al ver tal grandeza escondida para los ángeles, revelada ahora a nosotros?

Acaso no levantaremos nuestra mente y corazón para adorarlo a él, ya no como obligación, sino por gratitud porque cosas semejantes quisieron ver los ángeles y no lo vieron y a nosotros se nos ha permitido gozar de una eterna y sublime salvación.

Los profetas que profetizaron de la gracia destinada a vosotros, inquirieron y diligentemente indagaron acerca de esta salvación, escudriñando qué persona y qué tiempo indicaba el Espíritu de Cristo que estaba en ellos, el cual anunciaba de antemano los sufrimientos de Cristo, y las glorias que vendrían tras ellos. A éstos se les reveló que no para sí mismos, sino para nosotros, administraban las cosas que ahora os son anunciadas por los que os han predicado el evangelio por el Espíritu Santo enviado del cielo; cosas en las cuales anhelan mirar los ángeles. 1 Pedro 1:10-12

Pablo es el apóstol el cual reveló con claridad el misterio de Cristo

A mí, que soy menos que el más pequeño de todos los santos, me fue dada esta gracia de anunciar entre los gentiles el evangelio de las inescrutables riquezas de Cristo, y de aclarar a todos cuál sea la dispensación del misterio escondido desde los siglos en Dios, que creó todas las cosas; para que la multiforme sabiduría de Dios sea ahora dada a conocer por medio de la iglesia a los principados y potestades en los lugares celestiales, conforme al propósito eterno que hizo en Cristo Jesús nuestro Señor. Efesios 3:8-11

Jesucristo es cabeza de toda creación, es decir, todo lo demás fue hecho por medio de él y para él. Jesucristo es antes de todos los rangos angelicales, antes que la tierra y antes que los cielos.

Él es la imagen del Dios invisible, el primogénito de toda creación. Porque en él fueron creadas todas las cosas, las que hay en los cielos y las que hay en la tierra, visibles e invisibles; sean tronos, sean dominios, sean principados, sean potestades; todo fue creado por medio de él y para él. Y él es antes de todas las cosas, y todas las cosas en él subsisten; y él es la cabeza del cuerpo que es la iglesia, él que es el principio, el primogénito de entre los muertos, para que en todo tenga la preeminencia; por cuanto agradó al Padre que en él habitase toda plenitud. Colosenses 1:15-19

Ángeles en el ministerio de Cristo

Podemos observar que Jesucristo y los ángeles tienen una estrecha relación, tanto en su nacimiento, vida cómo en su resurrección.

E indiscutiblemente, grande es el misterio de la piedad: Dios fue manifestado en carne, justificado en el Espíritu, visto de los ángeles, predicado a los gentiles, creído en el mundo, recibido arriba en gloria. 1 Timoteo 3:16

Y le dijo: De cierto, de cierto os digo: De aquí adelante veréis el cielo abierto, y a los ángeles de Dios que suben y descienden sobre el Hijo del Hombre. Juan 1:51

Siempre la manifestación de Jesucristo fue precedida por el mensaje de un ángel enviado por Dios. Gabriel le fue enviado a María y luego a su esposo José, para que se les anunciara el nacimiento de Jesús. Fueron los ángeles que anunciaron el nacimiento a los pastores de Belén de Judea. Más adelante ángeles se movieron en la gran misión de proteger al niño de la ira y odio del rey Herodes. Durante los cuarenta días y noches en que Jesús fue llevado al desierto y permaneció en oración y ayuno delante de Dios, al término del mismo vinieron ángeles y le servían. En la profunda agonía en el jardín de Getsemaní, un ángel lo fortalece. Estos ángeles siempre estuvieron presentes durante el ministerio de la gracia y siguen estando presentes a favor de la iglesia.

Aun en el tiempo de la resurrección de Jesús fueron ellos los que se encargaron de remover la piedra que sellaba el sepulcro y luego se sentaron dentro del mismo donde el cuerpo de Jesús había sido puesto.

> *Y vio a dos ángeles con vestiduras blancas, que estaban sentados el uno a la cabecera, y el otro a los pies, donde el cuerpo de Jesús había sido puesto.* Juan 20:12

Ellos mismos estuvieron presentes cuando Jesús comenzó a ascender a los cielos, testificando a los discípulos que allí estaban contemplando tal escena, diciéndoles varones galileos, este mismo Jesús que hoy veis en esta nube un día volverá.

Este mismo Jesús que un día se fue, un día regresará en gloria con sus santos ángeles.

Capítulo 4
El ministerio de los ángeles

Queremos traer una clara y profunda definición concerniente al tema de los ángeles y lo que se mueve alrededor de ellos en esta época de gran proliferación de la angelología.

Muchas son las personas que entran en esta nueva modalidad, unas por curiosidad y otras para experimentar nuevas cosas.

Al entrar en esta nueva práctica, o contacto, como muchos la llaman «energía del amor» (el de tener contacto y hablar con los ángeles), se les enseña a tener contacto directo con ellos, escribir mensajes enviados y aun determinar qué pueden dialogar e incluso pedir deseos a los ángeles.

Dando la idea que los ángeles pudieran ser intermediarios o mediadores entre las peticiones de las personas o sus inquietudes y Dios.

Por esa razón hemos querido hacer un análisis profundo, desde una perspectiva completamente escritural y bíblica, de la misión y propósito exclusivo que los ángeles tienen realmente.

Vamos a leer y observar en detalle, si en verdad es permitido por las Sagradas Escrituras la facultad o el derecho de que los hombres puedan dar órdenes, o poder hacer peticiones específicas a los seres angelicales.

David como rey, salmista y profeta nos describe maravillosamente el glorioso ministerio de los ángeles.

Los cinco ministerios de los ángeles.

Bendecid a Jehová, vosotros sus ángeles, poderosos en fortaleza, que ejecutáis su palabra, obedeciendo a la voz de su precepto. Bendecid a Jehová, vosotros todos sus ejércitos, ministros suyos, que hacéis su voluntad. Salmo 103:20-21

Observa en detalle lo que hacen los ángeles, bendicen a JHVH, son poderosos en fuerza, ejecutan órdenes, obedecen la voz de su Palabra, y son ministros que hacen la voluntad de Dios.

Bendicen a Dios

Una de las características gloriosas del ministerio de los ángeles es que bendicen y adoran a Dios, no se dejan adorar personalmente y son estrictamente criaturas excelentes en su adoración a su Creador, tanto en alabanzas, exclamaciones y cánticos.

Específicamente los serafines son criaturas angelicales que están muy cerca de Dios. ¡Ellos exaltan la santidad de Dios con sus exclamaciones: Santo, Santo, Santo!

Con sus seis alas cubren a Dios Padre en su trono.

El profeta Isaías fue el único siervo que los nombra ya que en la visión de Dios que tiene en una forma tan impactante, los ve y los observa en la forma que ellos actúan.

Uno de ellos vuela hacia el profeta, llevando en su mano un carbón encendido, tomado del altar de Dios con unas tenazas; y toca con ellas la boca del profeta, quitando la culpa de sus labios limpiando así su pecado.

Por encima de él había serafines; cada uno tenía seis alas; con dos cubrían sus rostros, con dos cubrían sus pies, y con dos volaban. Y el uno al otro daba voces, diciendo: Santo, santo, santo, Jehová de los ejércitos; toda la tierra está llena de su gloria. Isaías 6:2-3

Esta es la única vez que las Sagradas Escrituras mencionan el rango específico de estos ángeles. Queremos aclarar que todos los seres creados por Dios son: Hijos de Dios. Es decir aun los ángeles, solamente se diferencian en su cargo y rango de posición; de allí que toman nombres específicos ya que su misión es diferente, pero todos son criaturas de Dios.

Todos ellos tienen una misión que los une; alabar a Dios.

Uno de los ministerios gloriosos de los ángeles es el compartir cánticos y adoración al Creador. En el cielo se unen a cantar en coro, y en especial cuando Dios interviene sobrenatural y favorablemente.

> *Y repentinamente apareció con el ángel una multitud de las huestes celestiales, que alababan a Dios.* Lucas 2:13

Ellos adoran y cantan tanto en la tierra junto a los redimidos como en el cielo frente al trono de Dios.

> *Y miré, y oí la voz de muchos ángeles alrededor del trono, y de los seres vivientes, y de los ancianos; y su número era millones de millones, que decían a gran voz: El Cordero que fue inmolado es digno de tomar el poder, las riquezas, la sabiduría, la fortaleza la honra, la gloria y la alabanza.*
>
> *Ya todo lo creado que está en el cielo, y sobre la tierra, y debajo de la tierra, y en el mar, y a todas las cosas que en ellos hay, oí decir: Al que está sentado en el trono, y al Cordero, sea la alabanza, la honra, la gloria y el poder, por los siglos de los siglos.* Apocalipsis 5:11-13

Leemos que fue oída la voz de muchos ángeles alrededor del trono. Esa voz se une al número de un gran coro, millones de millones que se unen en alabanza a una sola voz.

Ellos nunca se han dejado adorar, mas bien hablaron que eran consiervos de los hombres en adoración y servicio.

> *Yo Juan soy el que oyó y vio estas cosas. Y después que las hube oído y visto, me postré para adorar a los pies del ángel que me mostraba estas cosas. Pero él me dijo: Mira, no lo hagas; porque yo soy consiervo tuyo, de tus hermanos los profetas, y de los que guardan las palabras de este libro. Adora a Dios.* Apocalipsis 22:8-9

Dios nunca permitió que le quitasen lo que le pertenece y es la adoración, es más las Sagradas Escrituras realzan el hecho de que nadie puede quitarle la adoración que solo él se merece.

Yo Jehová; este es mi nombre; y a otro no daré mi gloria, ni mi alabanza a esculturas. Isaías 42:8

Nadie puede adorar a los ángeles que son criaturas creadas por Dios ni menos a esculturas que son hechas por manos de hombres.

Muchos son los que compran estatuillas de ángeles mientras que otros adquieren tarjetas de ellos para la buena suerte.

Todo lo que es hecho por los hombres o lo creado por Dios no es Dios por eso no se le puede dar honra, solo se merece la honra el Dios único y sabio Creador como dice la Palabra en Isaías 48:11: *Mi honra no la daré a otro*.

Satanás siendo un ángel caído de rango Querubín tuvo la audacia de pedirle a Jesús el Hijo de Dios que se postrara delante de él y le adorara.

Jesús le responde: Vete, Satanás, porque escrito está: Al Señor tu Dios adorarás, y a él sólo servirás.

Jesús menciona las palabras escritas en la ley del Señor. Esta ley es y será para siempre.

A Jehová tu Dios temerás, a él solo servirás, a él seguirás. Deuteronomio 10:20

Muchos caen fácilmente en la adoración de ángeles ya que todos aquellos que idolatran o están obsesionados con el tema de los ángeles, les es muy fácil resbalar.

Recordemos que el ángel caído, siempre ha buscado adoración y a la vez desviar la adoración a cualquier ser creado, con tal de que no adoren a Dios.

Todo aquello que obsesiona la mente puede traer desvío al ser humano de los propósitos esenciales que Dios ha determinado para sus criaturas.

Cuando Jesús irrumpe en la tierra nacido de mujer, un coro angelical anuncia su nacimiento. Ellos estuvieron siempre presentes en el Ministerio de Cristo

Y otra vez, cuando introduce al Primogénito en el mundo, dice: Adórenle todos los ángeles de Dios. Hebreos 1:6

Vemos aquí que Jesús no solo es digno de ser adorado por las criaturas angelicales sino, que él también es digno que toda la creación le adore y le sirva.

Por lo cual te alabarán los pueblos eternamente y para siempre.
Salmo 45:17
Sea la gloria de Jehová para siempre; alégrese Jehová en sus obras. Él mira a la tierra, y ella tiembla; toca los montes, y humean. A Jehová cantaré en mi vida; a mi Dios cantaré salmos mientras viva. Salmo 104:31-33

Ejecutan órdenes

La palabra ángel significa «mensajero» *mal'ak* en hebreo.
Su verbo *l'ac* significa «enviar», «mensaje» o «trabajo».

Como está escrito en Isaías el profeta: He aquí yo envío mi mensajero delante de tu faz, el cual preparará tu camino delante de ti.
Marcos 1:2

Dios envió su «mensajero», a su profeta Zacarías

Respondí entonces y dije al ángel que hablaba conmigo: Señor mío, ¿qué es esto?
Y el ángel me respondió y me dijo: Estos son los cuatro vientos de los cielos, que salen después de presentarse delante del Señor de toda la tierra.
Zacarías 6:4-5

El vocablo *mal'ak* denota a alguien que ha sido enviado a través de una gran distancia por alguien o por una comunidad con el fin de comunicar un mensaje.

La Biblia nos da muchos ejemplos de ángeles mensajeros. El más destacado y que se revela su nombre es Gabriel. Este ángel que trajo el mensaje al profeta Daniel, al sacerdote Zacarías y a la virgen María.

Son poderosos en fortaleza

Poderoso no significa como se suele usar la palabra en un vocablo latino, refiriéndose a una persona «rica».

La palabra poderoso se interpreta fuerte y valiente. Denota fortaleza en guerra.

Poderoso representa fuerte en potencia. También valeroso en alcance.

Ya que la palabra fortaleza significa fuerza, potencia, capacidad, capaz, de gran alcance; a este glorioso ministerio angelical lo podríamos bien definir como: Valeroso de gran alcance. Fuerte de gran firmeza. Esto nos denota el carácter de su personalidad.

Esa fuerza y firmeza los hacen ser poderosísimos, en todo lo que Dios les ordena que hagan.

Obedecen a la voz de Dios haciendo su voluntad

Integrantes del ejército celestial.

Este ministerio que se destaca en primer lugar por la obediencia, les proporciona la elevada confianza que el comandante en jefe YHVH de los ejércitos les deposita.

Vemos que la obediencia y la fidelidad son dos términos que van paralelos en el carácter y forma de ser de los ángeles.

Por eso queda descartado que los ángeles cumplan órdenes de seres en categoría inferior a ellos (un soldado no puede dar órdenes a un comandante).

Los seres humanos en categoría estamos por debajo de los ángeles, es decir, Dios ha determinado un orden espiritual de autoridad y de jerarquía.

David nos revela en el Salmo 8:5 que los ángeles están por encima del hombre en fuerza y capacidad: L*e has hecho un poco menor que los ángeles*.

Nosotros podemos pedir nuestras peticiones y deseos al Padre por medio de Jesucristo.

La Palabra de Dios nos enseña que no hay otro nombre, persona o poder espiritual, ni siquiera los ángeles que puedan ocupar el lugar que tiene el Hijo de Dios.

Tampoco los ángeles pueden pedirle a Jesús que hagan cosas por los humanos.

Todas las oraciones deben ser dirigidas solo a Jesucristo, el Cordero de Dios, sin ángeles ni intermediarios, ya que solo uno es el mediador entre Dios y los hombres: «Jesucristo hombre».

Hay un solo camino para llegar a Dios, y este ya fue abierto. Jesucristo es el camino.

Jesús le dijo: Yo soy el camino, y la verdad, y la vida: nadie viene al Padre, sino por mí. Juan 14:6

Es decir, cuando los santos redimidos por la sangre de Jesús oran al Padre pidiendo ayuda, el Padre es el único que puede dar la orden y mandar ángeles para ayudarles. También los manda para ayudar al perdido para salvación de su alma.

Como vemos el servicio o ministerio, tanto de los ángeles como de los humanos es: obediencia, fidelidad y adoración, al único que creó todo lo que existe en el cielo y en la tierra.

Los ángeles son espíritus ministradores que hacen avanzar el ministerio de Cristo y su iglesia sobre la faz de la tierra.

Ayudan en todo lo que respecta a la salvación para que los fieles lleguen al objetivo por el cual Jesucristo los ha llamado, entrar al reposo, a la vida eterna.

Estos espíritus ministradores usualmente giran alrededor del ministerio de Jesús y del movimiento de su iglesia sobre la tierra, cumpliendo esta con la gran encomienda delegada.

Estos ángeles designados a esta misión específica ministran a los hijos de Dios.

No están bajo las órdenes de ningún otro ser creado.

Ellos son ministros por debajo de Cristo, en autoridad, es decir: Cristo Ministro del Santuario es superior a los ángeles.

Ministro del santuario, y de aquel verdadero tabernáculo que levantó el Señor, y no el hombre. Hebreos 8:2

El autor a los Hebreos en su primer capítulo exalta al Hijo quien el Padre le constituyó heredero de todas las cosas, hablando de él dice que es la imagen misma de su sustancia, y quien sustenta todas las cosas con la palabra de su poder.

Ministros de Dios

Estos cinco ministerios de los ángeles denotan su carácter y personalidad. Así como el propósito por el cual fueron creados. Pero el ser ministros de Dios es uno de los más gloriosos.

Que establece sus aposentos entre las aguas, el que pone las nubes por su carroza, el que anda sobre las alas del viento; el que hace a los vientos sus mensajeros, y a las flamas de fuego sus ministros. Salmo 104:3-4

En primer lugar analicemos la palabra ministerio para poder tener una clara convicción del propósito de su creación, su actividad, su obra en la tierra y en el cielo.

La palabra ministerio en el original hebreo significa *sharat* servidor.

Veamos como ejemplo para entender esto lo siguiente: «Josué era servidor de Moisés». Es decir que Josué era el «siervo de Moisés».

Y se levantó Moisés con Josué su servidor, Moisés subió al monte de Dios. Éxodo 24:13

Eso denota que el ministro tiene a quién servir. En primer lugar a su Señor o a su amo y también indica que solamente está bajo sus órdenes.

En Ezequiel también se usa esta palabra refiriéndose a un lugar en el templo que estaba reservado para «los servidores de la casa».

Y me dijo: Estas son las cocinas, donde los servidores de la casa cocerán la ofrenda del pueblo. Ezequiel 46:24

Este es un privilegio dado a los ángeles, también se le ha dado el privilegio a los hombres. Aquellos que han sido llamados a servir y a obedecer a Dios.

Servid a Jehová con alegría. Salmo 100:2

Vemos la descripción gloriosa de estos ministros angelicales.

El que hace a los vientos sus mensajeros, y a las flamas de fuego sus ministros. Salmo 104:4.

Dios los convierte en mensajeros de alta velocidad recorriendo los cielos como viento, llevando sus mensajes y sus órdenes. También convirtiendo sus ministros como llamas de fuego corriendo por los aires.

Ministros del santuario

Lo consagrado de esta tierra será para los sacerdotes, ministros del santuario, que se acercan para ministrar a Jehová; y servirá de lugar para sus casas, y como recinto sagrado para el santuario. Ezequiel 45:4

Vemos en la palabra ministrar que tiene un segundo significado *Sharat*, a menudo denota servicio brindado en relación con la adoración que ofrecía el pueblo de Israel a su Dios.

Cuando Samuel el profeta todavía era niño «ministraba» a YHVH delante del sacerdote Elí, y dice que también el Señor lo llamó mientras ministraba en presencia de este.

Este tipo de servicio era para honrar solo al Señor. Israel fue llamado a servirle solo a él, los ángeles también.

Como las demás familias de la tierra, que sirven al palo y a la piedra. Ezequiel 20:32

El hombre llamado por Dios tiene que ser ministro

Muchos en la tierra han sido llamados a servir y adorar al Señor Jesucristo. «Bienaventurado aquel que es llamado a servir y a ser ministro de este nuevo pacto».

David el Rey escogido para servir

Observamos esta descripción gloriosa del ministerio de los ángeles trasmitida en pocas palabras en el texto profético del salmista David.

Vemos en el corazón del rey David un espíritu adorador. Esta característica en el salmista la vemos en los ministros que sirven a Dios de todo corazón, tanto ángeles como hombres.

Les levantó por rey a David, de quien dio también testimonio diciendo: He hallado a David hijo de Isaí, varón conforme a mi corazón, quien hará todo lo que yo quiero. Hechos 13:22

Vemos en el corazón del adorador un conocimiento profundo e íntimo de Dios. David fue escogido por tener un corazón como el que ama Dios.

Analizando la palabra ministro y servir, vemos una unión y sometimiento total del siervo al dueño o Señor. Es decir, con respecto a los ángeles y al pueblo de Dios; vemos que hay una unión de obediencia total.

Si no hay obediencia no hay servicio eficaz. Por tal razón se debe destacar la obediencia y servicio reverente de las criaturas angelicales hacia su Creador, *Eholim, Adonai* el Señor.

Como ya hemos visto es un privilegio serlo, y que tanto los ángeles como los llamados a servir a Dios, pueden gozar de este excelente servicio y privilegio.

> *Pues, ¿a cuál de los ángeles dijo Dios jamás: siéntate a mi diestra, hasta que ponga a tus enemigos por estrado de tus pies? ¿No son todos espíritus ministradores, enviados para servicio a favor de los que serán herederos de la salvación?* Hebreos 1:13-14

El espíritu de profecía nos revela que a los ángeles se les puede llamar espíritus ministradores, y aquí en forma gloriosa se nos describe que son enviados para el servicio de aquellos que alcanzan salvación, tanto hombres como mujeres.

Como habíamos visto anteriormente, el significado de la palabra ministro, es servir a los demás.

Aquí vemos el propósito divino para los que son llamados para salvación.

El Señor manda en forma gloriosa a su ángel para ayudar durante el peregrinaje en la tierra hasta llegar al eterno lugar; el cielo prometido, para los que son salvos.

El Señor nos manda ángeles para ministrar en esa área específica.

Estos nos ayuda a todo lo que tiene que ver con la salvación para que cada creyente llegue al objetivo por el cual Jesucristo murió y dio su vida, que es hacer entrar al reposo, a la vida eterna a cada hijo de Dios.

Estos ángeles designados a esta misión específica ministran a los hijos de Dios.

Podemos también observar la palabra «ministrar» en el original griego que se escribe *diakonia,* lo cual apunta a la «labor de servicio de asistencia» que brindan los ángeles que son espíritus ministradores, o asistentes celestiales, y están continuamente activos en la edificación del cuerpo de Cristo o sea en el desempeño del ministerio de Jesús y la edificación de su iglesia.

Al ser espíritus puros, es decir «libres de toda materia», no heredan la naturaleza humana que está constituida del polvo de la tierra, por lo tanto, son de naturaleza inmortal, ya que el hombre por su desobediencia se convirtió en mortal. Por lo que la paga de su pecado fue la muerte.

Su naturaleza espiritual implica que son libres de todas las limitaciones que poseen los humanos.

No necesitan tiempo ni reflexión para crecer y madurar como nosotros, porque viven dentro del tiempo *kairos* de Dios que es dentro del tiempo eterno y perfecto.

Los ángeles fueron creados perfectos, de ahí su poder y entendimiento, en cambio nosotros fuimos creados para ser «perfeccionados» y llegar a la altura del varón perfecto que es Cristo. Siendo él, el segundo Adán, que trajo a la raza caída regeneración, para todos aquellos que en él creen *hasta que todos lleguemos a la unidad de la fe y del conocimiento del Hijo de Dios, a un varón perfecto, a la medida de la estatura de la plenitud de Cristo.* Efesios 4:13.

Por su perfección, los ángeles no tienen la oportunidad de equivocarse, arrepentirse ni de ser perdonados. Ellos no comprenden el gozo de la salvación, pero sí se alegran y se regocijan cuando un pecador se arrepiente y viene al conocimiento de Dios.

Tomando en cuenta esa diferencia esencial entre hombre y ángeles, se entiende que el «ser humano o alma viviente» no son ángeles, ni viceversa.

Una persona que se muere no se transforma en ángel, más bien si ha alcanzado el cielo será como los ángeles porque ya no está sujeto a un cuerpo mortal sino que por la resurrección ha alcanzado un cuerpo espiritual semejante al de los ángeles.

Hay ángeles designados para acompañar en la hora de la muerte a los humanos y si fue salvo, el ángel se encarga de llevarlo a la presencia de Dios.

Querubines ministros

Aquí podemos diferenciar el ministerio de los ángeles y de los ministros. Ya hemos visto todas las criaturas angelicales que le sirven y adoran. Vemos que las manifestaciones de los querubines iban siempre acompañadas de servicio junto a la gloria de Dios.

Comprenderemos más adelante que estos ministros de fuego que obedecen la voz de Dios son los querubines transformados en flama de fuego, moviéndose tan cerca de Dios, que se entrelazan con su misma gloria.

Los querubines estuvieron presentes desde el Edén en el principio de la creación, hasta la destrucción del segundo templo.

Ministros de Fuego

Observemos nuevamente el texto clave para poder ver este servicio glorioso, manifestado plenamente en los ángeles.

> *El que hace a los vientos sus mensajeros, y a las flamas de fuego sus ministros.* Salmo 104:4

Hemos analizado la palabra ministerio y ahora queremos ver la palabra ministros.

En el original griego significa *leitourgos* compuesta por dos palabras. La primera *laos* «gentes» y *ergon* «trabajo» es decir: trabajando para la gente.

Se puede comparar a un servicio público o un ministro de estado. Los ángeles como mensajeros están sirviendo a Dios y a los hombres. Con eso reafirmamos que son mensajeros y ministros de Dios totalmente,

Cristo como ministro de los hombres se hizo siervo, hecho semejante a los hombres.

> *Por lo cual, entrando en el mundo dice: Sacrificio y ofrenda no quisiste; mas me preparaste cuerpo. Holocaustos y expiaciones por el pecado no te agradaron. Entonces dije: He aquí que vengo, oh Dios, para hacer tu voluntad, como en el rollo del libro está escrito de mí. Diciendo primero: Sacrificio y ofrenda y holocaustos y expiaciones por el pecado no quisiste, ni te agradaron (las cuales cosas se ofrecen según la ley), y diciendo luego: He aquí que vengo, oh Dios, para hacer tu voluntad; quita lo primero, para establecer esto último.* Hebreos 10:5-9

En esta voluntad somos santificados mediante su ofrenda, su vida como cordero inmolado por nuestros pecados.

Esta descripción es gloriosa para nosotros, el servicio de Dios hacia el hombre separado de Dios y su entrega nos inspira a darle toda la gloria, así es el servicio santo de los ángeles, adorar y obedecer, servir a Dios en todo.

Este ha sido el llamado de Dios hasta hoy, rendirnos ante su presencia para gozar de su gracia y protección ahora y por siempre. Amén.

Capítulo 5

Querubín en su manifestación

Al conocer acerca de este tema tan importante, entenderemos todo aquello que está reflejado a través de las enseñanzas de la Biblia. Aprender lo que significan las manifestaciones diversas de los querubines nos llevará a contemplar en forma precisa todo aquello que Dios ha preparado para bendición de todo aquel que se acerque a su presencia.

Querubines en el huerto

La palabra querubín en el original hebreo se describe *kerub* una palabra que significa «espada de fuego». *Queroubim* en griego es la forma plural de querubín. En el hebreo original *cherubim*. Su significado, **criatura angélica, guardianes del Edén, carruaje de Jehová.**

Desde el principio de la historia humana en el libro del Génesis, podemos ver los querubines de Dios en actividad con gran responsabilidad, ubicados al este del huerto del Edén.

> *Echó, pues, fuera al hombre, y puso al oriente del huerto de Edén querubines, y una espada encendida que se revolvía por todos lados, para guardar el camino del árbol de la vida.* Génesis 3:24

Espada de fuego en el huerto

La presencia espectacular ardiente de la autoridad de Dios se mostraba manifestada en dos querubines y en la espada de llama de fuego ardiente.

Envueltos con resplandor haciendo como un tabernáculo.

Podemos ver que Dios construye un tabernáculo de querubín, es decir, una morada o casa hecha con ellos mismos rodeados de fuego, con la espada llameante o refulgente que giraba de un lado a otro para impedir el paso de cualquier ser que quisiera pasar por el camino que conducía al árbol de la vida.

Es decir ellos estaban en medio del camino impidiendo el paso a cualquier extraño que se quisiera acercar al árbol de la Vida.

Vemos sobre ellos la manifestación del fuego divino que los rodeaba constantemente. Eso se entiende como un instrumento del juicio divino hacia el hombre protegiendo lo divino.

Estos ministros se movían como llama de fuego sin cesar para impedir el paso de alguien que no estuviera en las condiciones que Dios había determinado.

Tenemos que entender que si el hombre bajo la maldición de pecado comiera del árbol de la vida, viviría eternamente en su pecado sin alcanzar nunca la redención.

El paso a la vida eterna tenía que estar prohibido para la naturaleza caída. Para alcanzar el árbol de la vida era necesario restaurarse, es decir «el hombre debía volver al estado original, por medio del gran milagro de la redención».

En un futuro profético, Cristo, el segundo Adán, lo lograría. Al morir él en la cruz restauraría a todo aquel que en él creyera.

Al estar el hombre restaurado podría acercarse a Dios y entonces bajo las condiciones divinas tendría acceso al árbol de la vida.

> *El que tiene oído, oiga lo que el Espíritu dice a las iglesias. Al que venciere, le daré a comer del árbol de la vida, el cual está en medio del paraíso de Dios.* Apocalipsis 2:7

Como hemos visto desde un principio de la creación, Dios puso a estos ministros de fuego, querubines angelicales muy estrechamente ligados, al hombre y a su redención.

> *Bienaventurados los que lavan sus ropas, para tener derecho al árbol de la vida, y para entrar por las puertas en la ciudad.* Apocalipsis 22:14

A todos los que han estado dispuestos a obedecer al Señor Jesucristo, la gran promesa que se les confiere es que un día entrarán por las puertas de la ciudad celestial. Mas aquellos que persisten en seguir viviendo su propio estilo de vida y rechazando las condiciones dadas por Dios, serán excluidos tal como lo menciona el verso 15 del mismo capítulo.

Querubines como llamas de fuego

Cuando vemos en las Escrituras la manifestación visible del fuego divino, siempre encontramos detrás de ello, querubines. Es decir los querubines son portadores de ese fuego que originalmente está en el altar de Dios, en el cielo.

> *Y el ángel tomó el incensario, y lo llenó del fuego del altar.* Apocalipsis 8:5

Ellos se caracterizan por ser y por constituirse en una llama que constantemente está en movimiento activo.

Seres angelicales en la zarza ardiente

> *Pasados cuarenta años, un ángel se le apareció en el desierto del monte Sinaí en la llama de fuego de una zarza.* Hechos 7:30

Vemos que dentro de la llama ardiente que Moisés contemplaba en una zarza del desierto estaba un ser angelical.

Observemos claramente los tres elementos gloriosos que se unen: **fuego, manifestación angelical y presencia de Dios.** En este caso la manifestación es en voz audible.

Como vimos en la definición de querubín, ellos son llamas flamígeras. Así como la presencia de Dios es fuego divino también ellos forman parte de su manifestación visible.

Cuando se manifieste el Señor Jesús desde el cielo con los ángeles de su poder, en llama de fuego, para dar retribución a los que no conocieron a Dios, ni obedecen al evangelio de nuestro Señor Jesucristo.
2 Tesalonicenses 1:7-8

Aquí vemos una descripción clara de la esencia de Dios y su similitud con las criaturas angelicales, especialmente, a los querubines.

En toda la Biblia se presentan los ángeles como mensajeros divinos que ministran primero a Israel (el pueblo de Dios), y después a todos los creyentes (la iglesia de Jesucristo).

Ángeles presentes dando la ley de Dios

No cabe duda que la Biblia establece que hubo ángeles presentes durante el período en que la ley fue dada a Moisés en el monte Sinaí.

Este es aquel Moisés que estuvo en la congregación en el desierto con el ángel que le hablaba en el monte Sinaí, y con nuestros padres, y que recibió palabras de vida que damos. Hechos 7: 38

Ciertamente podemos ver esto claramente, al arder la zarza y no consumirse en medio del fuego estaba la voz de Dios, pero como hemos visto JHVH nunca se trasladaba solo desde los cielos, el viajaba sobre las alas de los querubines, y moraba en medio de ellos. Vemos que es posible que el fuego en la zarza fuera uno de sus ministros hechos llama de fuego, con zafiro en su frente.

Este es «el ángel que le hablaba», en el monte Sinaí.

Dijo: Jehová vino de Sinaí, y de Seir les esclareció; resplandeció desde el monte de Parán, y vino de entre diez millares de santos, con la ley de fuego a su mano derecha. Deuteronomio 33:2

Todavía más, se nos dice que Dios escribió con letras de fuego sobre las tablas y les dio su ley.

Creo firmemente que JHVH no estaba solo con Moisés, aquí dice: «que vino acompañado de entre diez mil santos».

Cuando el texto se refiere a la palabra «santos» nos está hablando de los escuadrones de Israel que son los ángeles del ejército del cielo.

Cuando el Hijo del Hombre venga en su gloria, y todos los santos ángeles con él, entonces se sentará en su trono de gloria. Mateo 25:31

Aquí se ve el carácter de *esencia* de los ángeles. La palabra santo se refiere tanto a Dios, como a los ángeles, como a los redimidos separados para Dios. *Kawdosh* significa: Sagrado, Santo, Separado.

También afirma que la ley fue recibida «por disposición de ángeles» Hechos 7:53

Quizás de esta experiencia Moisés obtuvo una comprensión personal del aspecto y función de los querubines. Esta función angélica de mensajero o intercesor puede ser inherente al significado de la palabra querubín, en hebreo *keruv*.

Si el significado hebreo es como el de la palabra acadia *karabu*: orar, bendecir, entonces, quizás, tenemos que entender que los querubines servían como intercesores celestiales entre Dios y su creación.

El que hace a los vientos sus mensajeros, y a las flamas de fuego sus ministros. Salmo 104: 3

Estos ministros de fuego ministraban tan cerca de Dios que se compenetraban siendo una misma presencia con él.

El fuego es una *característica destacable de la persona de Dios*

Porque nuestro Dios es fuego consumidor. Hebreos 12:29

Los querubines en su manifestación

Los querubines siempre fueron un rango de ángeles especiales. Llenos de ciencia y sabiduría.

Formaron parte externa o visible de la misma gloria de Dios, especialmente como vemos al principio de este capítulo, en la preparación y manifestación de todo aquello que era el camino a la redención del propio hombre.

Oh Pastor de Israel, escucha; tú que pastoreas como a ovejas a José, que estás entre querubines, resplandece. Salmo 80:1

Y aconteció que yendo ellos y hablando, he aquí un carro de fuego con caballos de fuego apartó a los dos; y Elías subió al cielo en un torbellino. Viéndolo Eliseo, clamaba: ¡Padre mío, padre mío, carro de Israel y su gente de a caballo! 2 Reyes 2:11-12

Elías subió al cielo transportado en un torbellino que fue producido por los **caballos tirado de carruajes de fuego.**

También dice Eliseo que vio **gente de a caballo** es decir caballos con jinetes.

Por la descripción tan espectacular, vemos la intervención de seres angelicales unidos al fuego y a las ruedas de fuego tal como las vio el profeta Ezequiel en su visión de las ruedas de fuego y la gloria de Dios.

Esta no fue la única vez que el profeta Eliseo ve con sus ojos la manifestación visible de ángeles en carruajes con caballos. Más adelante ve los ejércitos celestiales por cientos, con carrozas y caballos.

Entonces Jehová abrió los ojos del criado, y miró; y he aquí que el monte estaba lleno de gente de a caballo, y de carros de fuego alrededor de Eliseo. 2 Reyes 6:17

Miremos otro glorioso texto, este que nos describe el poder creativo de Dios abriendo nuevos caminos y separándolos por el impetuoso y fuerte aliento de su boca.

Dios en su andar por el universo en la infinita eternidad de su tiempo, se movió sobre un caballo cabalgando sobre sus alas. Este que se convierte como en un caballo glorioso espiritual, es un querubín.

Y cabalgó sobre un querubín, y voló; voló sobre las alas del viento. Puso tinieblas por su escondedero alrededor de sí; oscuridad de aguas y densas nubes. Por el resplandor de su presencia se encendieron carbones ardientes. Y tronó desde los cielos Jehová, y el altísimo dio su voz. 2 Samuel 22:11-14

Esta descripción también la encontramos en el Salmo 18.

Al que cabalga sobre los cielos de los cielos, que son desde la antigüedad; he aquí dará su voz, poderosa voz. Salmo 68:33

La definición de la antigüedad se nos revela desde antes de la creación de los cielos y de la tierra.

Cuando Jesucristo regrese a la tierra por segunda vez lo hará acompañado de miles de santos ángeles cabalgando sobre querubines transformados en caballos blancos.

> *Entonces vi el cielo abierto; y he aquí un caballo blanco, y el que lo montaba se llamaba Fiel y Verdadero.* Apocalipsis 19:11

Querubines en las cortinas del tabernáculo

En la tienda de campaña o tabernáculo de reunión donde Moisés, por mandato de Dios, levantó en el desierto, recibe instrucciones específicas para realizar dicha obra, la cual tenía que hacer conforme al modelo que se le había mostrado.

Esta revelación incluía hasta las figuras de querubines que tenía que bordar, tanto en las cortinas que serían utilizadas como pared, bordeando todo el tabernáculo, como en el velo que separaría el lugar Santo del Santísimo.

> *Harás el tabernáculo de diez cortinas de lino torcido, azul, púrpura y carmesí; y lo harás con querubines de obra primorosa.* Éxodo 26:1

Estas diez cortinas envolverían todo el recinto del tabernáculo.

El velo del tabernáculo y el del templo

> *También harás un velo de azul, púrpura, carmesí y lino torcido; será hecho de obra primorosa, con querubines.* Éxodo 26:31

Este velo es llamado *paroheth*. Como toda descripción de la palabra velo, significa «cubrir» u «ocultar algo». Este velo de obra primorosa, ocultaba a la vista del hombre el lugar santísimo, en el cual se escondía debajo de dos alas de querubines, el arca del pacto. A la vez servía para separar el lugar santo del santísimo.

Se distinguía perfectamente de las otras cortinas, tanto las que hacían de pared, como las primeras cortinas que eran la puerta de entrada y salida del tabernáculo.

Era el segundo velo colocado frente a la puerta de la entrada.

Sus tres colores representaban la obra gloriosa de redención a través de Jesús, el Mesías prometido. Vemos el azul que significa que Cristo viene del cielo y la herencia para los redimidos, que es la vida eterna.

La púrpura significa que su linaje sería de la estirpe de los reyes, y todo aquel que cree en Jesucristo como el segundo Adán hecho hombre, es libre del pecado original y constituidos reyes y sacerdotes.

> *Y nos hizo reyes y sacerdotes para Dios, su Padre; a él sea gloria e imperio por los siglos de los siglos. Amén.* Apocalipsis 1:6

El carmesí, es símbolo de su sangre derramada como la del cordero de la expiación. Ella nos redimiría del pecado, haciéndonos aceptos al Padre.

También estaba el lino fino torcido, representando la humanidad de Cristo hecha perfecta al nacer de una virgen concebido por el Espíritu Santo sin pecado.

Querubines en el velo

Ahora bien, hemos visto que todos los elementos y materiales que componen el velo representan a Cristo en su obra redentora.

¿Nos olvidamos de algo? Pues sí, de los querubines bordados. Allí tenían que estar ellos como criaturas que desde un principio estuvieron cerca de la obra redentora, y como parte juntamente de la naturaleza divina de Dios.

Ellos tenían que estar en el velo, pues formaban parte de este eslabón tan glorioso con respecto a los que serían redimidos, algo así como símbolos del futuro Cristo redentor.

El velo es figura del cuerpo de Cristo rasgado en la cruz del calvario.

> *Así que, hermanos, teniendo libertad para entrar en el Lugar Santísimo por la sangre de Jesucristo, por el camino nuevo y vivo que el nos abrió a través del velo, esto es, de su carne.* Hebreos 10:19-20

Querubines en el templo

De la misma forma que estaban en el tabernáculo los querubines vuelven a estar en el templo de Salomón.

Su lugar más prominente siempre fue en el arca del pacto, donde ellos estaban permanentemente tallados en dos estatuas de oro puro.

Y los sacerdotes metieron el arca del pacto de Jehová en su lugar, en el santuario de la casa, en el lugar santísimo, debajo de las alas de los querubines. Porque los querubines tenían extendidas las alas sobre el lugar del arca, y así cubrían los querubines el arca y sus varas por encima.
1 Reyes 8:6-7

Veamos lo que dice Randall Price en su libro: *En busca de los tesoros del templo*, Editorial Unilit.

Una función de la intercesión de los querubines era proteger al hombre pecador de la consumidora presencia de la inaccesible gloria de Dios. «El único que tiene inmortalidad, que habita en luz inaccesible; a quien ninguno de los hombres ha visto ni puede ver, al cual sea la honra y el imperio sempiterno. Amén». Dijo más: «No podrás ver mi rostro; porque no me verá hombre; y vivirá».
Leemos que nadie podía contemplar el rostro de Dios (su gloria) y seguir vivo. Cuando la gloria de Dios estaba en la cima del monte Sinaí nadie, ni siquiera un animal, podía acercarse al monte o tocarlo. Si esta revelación de Dios en la cumbre de un monte podía matar instantáneamente, ¡qué ocurriría si él venía a residir en el medio mismo del campamento israelita! Los querubines tienen, pues, una función protectora. Ellos impiden que la gloria de Dios haga estrago sobre los hombres. Estos «querubines cubrid ores protegieron a Israel mientras la presencia de Dios se manifestaba en el arca en el santuario. Y sobre ella los querubines de gloria que cubrían el propiciatorio. Hebreos 9:5

Más querubines en el templo de Salomón

Las puertas del Templo eran algo maravilloso. De madera de olivo, de fino acabado. Con figuras grabadas a relieve, cubiertas en oro.

Las dos puertas eran de madera de olivo; y talló en ellas figuras de querubines, de palmeras y de botones de flores, y las cubrió de oro; cubrió también de oro los querubines y las palmeras. 1 Reyes 6:32

Es extraordinario ver la revelación de Dios a través de cada detalle del tabernáculo de reunión. Pero, observemos el templo de Salomón y veremos también los querubines representados en figuras.

Hizo también en el lugar santísimo dos querubines de madera de olivo, cada uno de diez codos de altura. Un ala del querubín tenía cinco codos, y la otra ala del querubín otros cinco codos; así que había diez codos desde la punta de una ala hasta la punta de la otra. Asimismo el otro querubín tenía diez codos; porque ambos querubines eran de un mismo tamaño y de una misma hechura. La altura del uno era de diez codos, y asimismo la del otro. Puso estos querubines dentro de la casa en el lugar santísimo, los cuales extendían sus alas, de modo que el ala de uno tocaba una pared, y el ala del otro tocaba la otra pared, y las otras dos alas se tocaban la una a la otra en medio de la casa. Y cubrió de oro los querubines. Y esculpió todas las paredes de la casa alrededor de diversas figuras, de querubines, de palmeras y de botones de flores, por dentro y por fuera. 1 Reyes 6:23-29

En la edad de oro y prosperidad el rey Salomón no escatimaba la fortuna para enriquecer el templo de YHVH y adornarlo con oro fino añadiendo hermosura y belleza.

Es incalculable el precio del oro gastado en el piso y en las paredes, además añade dos querubines bañados en oro dentro del Lugar Santísimo que cubren con sus alas no solo el arca sino por su magnitud y medida cubren casi todo el lugar.

Y los sacerdotes metieron el arca del pacto de Jehová en su lugar, en el santuario de la casa, en el lugar santísimo, bajo las alas de los querubines; pues los querubines extendían las alas sobre el lugar del arca, y los querubines cubrían por encima así el arca como sus barras. 2 Crónicas 5:7-8

Vemos nuevamente que se teje un nuevo velo que separa el lugar santo del santísimo y se elabora de los mismos materiales del que se usó en el tabernáculo.

Hizo también el velo de azul, púrpura, carmesí y lino, e hizo realzar querubines en él. 2 Crónicas 3:14

La palabra «que estás entre» significa, permanecer, sentarse, tener su domicilio, lugar donde morar y habitar.

JHVH habitaba entre querubines. Con esta expresión el salmista nos muestra la relación tan estrecha de la vida cotidiana de Dios con ellos, en su íntima morada, su trono es de fuego.

> *Jehová reina; temblarán los pueblos. Él está sentado sobre los querubines, se conmoverá la tierra.* Salmo 99:1

Querubines esencia de fuego

Ellos fueron creados para ser fuego, rodeados de fuego, es decir: ser criaturas habitables en fuego y como Dios también es fuego esa característica los une estrechamente, a tal punto, que él habita sentado en medio de ellos.

> *Porque nuestro Dios es fuego consumidor.* Hebreos 12:29
> *¿Quién de nosotros morará con el fuego consumidor? ¿Quién de nosotros habitará con las llamas eternas?* Isaías 33:14

Aquí vemos la semejanza entre Dios y sus querubines que son flamas de fuego.

El profeta pregunta: ¿quién morará? mientras el salmista decía: *«Tú que moras entre querubines».*

La habitación normal de Dios, es en su tabernáculo en medio de su gloria y ellos están allí en su trono. Así como los serafines le rodean y le alaban.

> *Humo subió de su nariz, y de su boca fuego consumidor; carbones fueron por él encendidos.* 2 Samuel 22:9

Cuando observamos detalladamente la revelación del profeta Isaías, vemos que está contemplando la revelación del trono de Dios. El ve carbones encendidos y serafines que le adoran de día y de noche. Aquí vemos carbones encendidos.

> *Porque Jehová tu Dios es fuego consumidor, Dios celoso.*
> Deuteronomio 4:24

En cada detalle de la inmensidad de Dios vemos que él es fuego consumidor, fuego que quema, que destruye, al malo y a la maldad. Majestad y potencia para JHVH sobre las alas de sus querubines.

Podemos notar la hermosura y el poder de estos seres angelicales que Dios los ha dotado de una gloria sin igual.

Vemos una capacidad extraordinaria de viajar por los cielos transportando la gloria de Dios y su máxima potencia reflejada en el profeta Ezequiel, pero también el Salmista nos relata que JHVH viaja por los aires montado sobre querubines.

Ellos muchas veces se identifican con ruedas y carruajes de fuego, pero ahora los podemos ver como caballos veloces transportando en sus lomos al Rey de reyes y Señor de señores.

> *Entonces vi el cielo abierto; y he aquí un caballo blanco, y el que lo montaba se llamaba Fiel y Verdadero, y con justicia juzga y pelea.*
> Apocalipsis 19:11

Elías arrebatado en carruaje de fuego

Notamos en el ministerio del profeta Elías manifestaciones gloriosas de fuego y poder.

El fuego de Dios desciende frente a ochocientos cincuenta falsos profetas de Baal y Asera. Una confrontación cara a cara con los ángeles caídos.

El poder de Dios se manifiesta en una batalla espiritual e invisible en el cual miles de criaturas angelicales ganan la batalla contra miles de ángeles caídos.

¿Su manifestación visible? el fuego que desciende desde el cielo después de la oración sencilla, pero con gran fe, que el profeta Elías hace. Este fuego consume el sacrificio en el altar hasta consumir el agua que había en el mismo. Elías es el ungido de Dios, que era conocido como el profeta de fuego, siendo figura y sombra de lo que había de venir por medio del poder de Jesucristo. Él sería el que bautizaría en Espíritu Santo y fuego.

No menos sería su traslado al cielo en un carruaje de fuego.

Querubines guardando y cubriendo el arca

A Moisés se le da la orden de hacer de una sola pieza de oro dos querubines que estarían encima de la tapa llamada propiciatorio, que con sus alas extendidas cubrirían la caja en la cual se guardaría la ley de Dios.

Hoy más que nunca se prolifera «el culto» a la exaltación de las visitas angelicales. Se nos muestra a los ángeles y a querubines como ángeles bebés o cupidos que enamoran con sus flechas a los amantes (simbolizando a *Eros* amor sexual de las parejas). Derivados por cierto de la mitología grecorromana, adaptados y pintados en la época del renacimiento en catedrales y pinturas.

Todas estas imágenes infundidas por siglos, captadas por la mente de escultores famosos, fueron trasmitidas inexactas de la verdadera imagen que tienen los querubines y ángeles. Como hemos visto y estamos analizando, en la Escritura siempre aparecen como seres inmensamente poderosos que asisten a la presencia visible de Dios.

Cada uno tenía cuatro caras y cuatro alas. Ezequiel 1:6

La gloria de Dios se revela al profeta Ezequiel con querubines que tienen cuatro caras y cuatro alas. En cambio los querubines puestos en la tapa del arca tienen solamente una cara y dos alas cada uno.

Babilonia y Egipto a menudo describieron criaturas al estilo de las esfinges, mitad león mitad hombre. Pero nuestra incapacidad para identificar el parecido de los querubines se remonta al tiempo de Jesús, pues Josefo, escritor judío del siglo primero, que registró una descripción ocular del segundo templo, dijo de los querubines: «Nadie puede decir cómo eran».

Algunos rabinos han dicho que la mejor explicación para la inclusión de querubines en el arca y en las cortinas del tabernáculo y templo (puesto que tales imágenes esculpidas estaban prohibidas en cualquier otra parte) era que servían para introducir y fortalecer la fe en la existencia de los seres angélicos. Randall Price, p. 47, *Tesoros del Templo.*

También embellece las paredes con querubines

Así que cubrió la casa, sus vigas, sus umbrales, sus paredes y sus puertas, con oro; y esculpió querubines en las paredes. 2 Crónicas 3:7

Salomón adorna las basas de bronce con querubines, bueyes y leones.

Y sobre aquellos tableros que estaban entre las molduras, había figuras de leones, de bueyes y de querubines; y sobre las molduras de la basa, así encima como debajo de los leones y de los bueyes, había unas añadiduras de bajo relieve. Cada basa tenía cuatro ruedas de bronce. 1 Reyes 7:29-30

E hizo en las tablas de las molduras, y en los tableros, entalladuras de querubines, de leones y de palmeras, con proporción en el espacio de cada una, y alrededor otros adornos. 1 Reyes 7:36

Vemos que Salomón sin tener la visión que tuvo Ezequiel de los cuatro seres vivientes trayendo la gloria de Dios, hizo cuatro ruedas de bronce similares a las que el profeta vio en visión. Además hizo figuras de leones, bueyes y querubines.

Observemos la visión del profeta.

Y el aspecto de sus caras era … cara de león al lado derecho de los cuatro, y cara de buey a la izquierda. Ezequiel 1:10

Salomón estaba revelando en esas bases de bronce, la gloria del cielo venidero que rodea el trono de Dios.

Querubines en seis lugares prominentes del templo

Queremos entonces ver los seis lugares estratégicos que Salomón adornó el templo con querubines.

1.- Querubines en el velo del templo

Hizo también el velo de azul, púrpura, carmesí y lino, e hizo realzar querubines en él. 2 Crónicas 3:14

2.- Querubines en las puertas del templo

Las dos puertas eran de madera de olivo; y talló en ellas figuras de querubines,de palmeras y de botones de flores, y las cubrió de oro; cubrió también de oro los querubines y las palmeras.Y talló en ellas querubines y palmeras y botones de flores, y las cubrió de oro ajustado a las talladuras. 1 Reyes 6:32,35

3.- Querubines en las paredes del templo

Así que cubrió la casa, sus vigas, sus umbrales, sus paredes y sus puertas, con oro; y esculpió querubines en las paredes. 2 Crónicas 3:7

4.- Querubines en las bases de bronce

Y sobre aquellos tableros que estaban entre las molduras, había figuras de leones de bueyes y de querubines; y sobre las molduras de la basa, así encima como debajo de los leones y de los bueyes, había unas añadiduras de bajo relieve. 1 Reyes 7:29

5.- Querubines en el arca del pacto

Y los sacerdotes metieron el arca del pacto de Jehová en su lugar, en el santuario de la casa, en el lugar santísimo, bajo las alas de los querubines. 2 Crónicas 5:7

6.- Querubines de oro dentro del lugar santísimo

Hizo también en el lugar santísimo dos querubines de madera de olivo. Cada uno de diez codos de altura. 1 Reyes 6:23

Cristo entregó su cuerpo para ser crucificado, proveyendo de esa manera, mediante su muerte expiatoria, un medio para el acceso espiritual de los creyentes el «camino nuevo y vivo» ante la presencia de Dios.

Mas Jesús, dando una gran voz, expiró. Entonces el velo del templo se rasgó en dos, de arriba abajo. Marcos 15:37-38

Ya la obra redentora estaba consumada, es decir, acabada y ahora se habría el nuevo camino al Padre, mediante su sangre derramada y su muerte en la cruz.

El velo que separaba el hombre de Dios, se rasgó, desde el cielo a la tierra, de arriba abajo.

Hubo un gran terremoto. Muchos sepulcros fueron abiertos y muchos muertos resucitaron.

Cristo acabó la obra de la redención. Él también iba a resucitar y regresar al cielo, al Padre de donde había salido.

Al romperse el velo, también se acabó la obra preciosa del bordado donde estaban impregnados los querubines trabajados en hilo de oro.

Ellos acompañarán a Jesús en su regreso. Ya la gloria de Israel había sido de nuevo traspasada.

Capítulo 6

Los querubines y la gloria de Dios

Los querubines estaban relacionados con la presencia de la misma GLORIA DE DIOS.

En el Antiguo Testamento vemos una manifestación visible de esa gloria.

En ella se manifestó la presencia de Dios en forma palpable y no simbólica.

Los querubines tuvieron una parte muy importante respecto a la protección del pueblo de Israel en el desierto y en el descenso de la gloria de Dios sobre el Monte Sinaí, sobre el tabernáculo y sobre el templo de Salomón. En el templo se vio en forma especial dentro del lugar santísimo donde estaba «el arca del pacto» allí moraba la presencia del Dios Vivo.

La manifestación de la gloria de Dios en la nube

Jehová se le revela a Moisés en una zarza ardiendo en fuego. Dios mismo era manifestado dentro de esa zarza.

La zarza, conocida como espina de Egipto, era un arbusto seco y espinoso, numeroso en las regiones de África. A veces con una altura de casi cuatro metros.

Dios escoge este arbusto muy común en la región desértica para llamar la atención de Moisés. Su sorpresa es verla encendida en llama y no consumirse.

Y se le apareció el Ángel de Jehová en una llama de fuego en medio de una zarza; y él miró, y vio que la zarza ardía en fuego, y la zarza no se consumía. Éxodo 3:2

Moisés se acerca y oye una voz que desde la zarza ardiente le dice: ¡Moisés, Moisés! Y él respondió: Heme aquí. No te acerques; quita el calzado de tus pies, porque el lugar en que tú estás, tierra santa es. Moisés tiene que arrodillarse y quitarse las sandalias en actitud de adoración.

Aunque Moisés no había visto nunca la gloria de Dios, en ese momento estaba contemplando y recibiendo el conocimiento de la persona de Dios en su manifestación sublime, a través de fuego, voz audible y presencia literal y visible del Ángel de JHVH.

Cuando vemos la palabra Ángel en el Antiguo Testamento en mayúscula se refiere al Cristo de la gloria antes de su manifestación humana en la tierra.

Era la manifestación visible de Dios dentro de la llama, en forma de Ángel. El Cristo de la gloria en una forma de su manifestación.

Moisés bajo el impacto de la revelación del gran YO SOY sale con su gran encomienda rumbo a Egipto, para encontrarse allí, cara a cara contra el opresor del pueblo de Dios.

Pero la manifestación de Dios se hizo cada vez más evidente con su siervo. El ángel de JHVH, la nube espesa de la gloria y su fuego resplandeciente fueron la retaguardia del pueblo de Dios, de día y de noche durante su salida de la esclavitud a la tierra de libertad.

Y el ángel de Dios que iba delante del campamento de Israel, se apartó e iba en pos de ellos; y asimismo la columna de nube que iba delante de ellos se apartó y se puso a sus espaldas. Éxodo 14:19

Siempre que leemos sobre la gran nube espesa, con un fuego envolvente, irradia a nuestro corazón respeto y temor reverente al Dios Todopoderoso que manifestó su gloria visible al pueblo de Israel. El ángel de Dios nunca los dejó.

Y Jehová iba delante de ellos de día en una columna de nube para guiarlos por el camino, y de noche en una columna de fuego para alumbrarles, a fin de que anduviesen de día y de noche. Éxodo 13:21

La nube durante el día servía para protegerlos del sol candente del desierto, y la columna de fuego por las noches, para calentarlos de las temperaturas bajas del desierto.

Además, el fuego apartaba de ellos las serpientes y escorpiones que pudieran acercarse y picar con su veneno mortal al pueblo.

El fuego de Dios también es manifestación de su poder sobrenatural que venció a la serpiente Satanás en el Calvario.

Una de las cosas que el ángel caído teme y huye es del fuego de Dios. Esta es la manifestación de su presencia a través de su mismo Espíritu Santo.

Ese fuego les daba calor y luz, allí revoleteaban las alas de los querubines uno al lado del otro formando una gran cortina de protección para el pueblo escogido de Dios.

> *Y creará Jehová sobre toda la morada del monte de Sión, y sobre los lugares de sus convocaciones, nube y oscuridad de día, y de noche resplandor de fuego que eche llamas; porque sobre toda gloria habrá un dosel, y habrá un abrigo para sombra contra el calor del día, para refugio y escondedero contra el turbión y contra el aguacero.* Isaías 4:5-6

Dios mismo se manifestaba en esa nube espesa, no solo para proteger a su pueblo de los ejércitos de Faraón sino para ser visto su poder y su manifestación poderosa.

> *Jehová el Dios de los hebreos nos ha encontrado; por tanto, nosotros iremos ahora camino de tres días por el desierto, para que ofrezcamos sacrificios a Jehová nuestro Dios.* Éxodo 3:18

Sobre alas de querubines descendió, y envuelto en nube de gloria desde allí guardaba en el desierto a sus hijos.

> *Aconteció a la vigilia de la mañana, que Jehová miró el campamento de los egipcios desde la columna de fuego y nube, y trastornó el campamento de los egipcios.* Éxodo 14:24

Dios vigilaba y cuidaba a su pueblo en forma especial desde la nube. Pero llegando al Sinaí su gloria se manifestó más esplendorosa todavía.

Además de fuego abrasador Dios se mostraría en truenos, relámpagos y ruido de bocina muy fuerte.

Moisés fue enviado por el gran YO SOY, para sacar al pueblo de Israel de la esclavitud de Egipto, a la tierra prometida.

Sin embargo, deberían ir por el desierto y pasar por el monte Sinaí por dos razones fundamentales:

1) para que aprendiera las leyes y ordenanzas de Jehová; ya que no conocían a Dios y ahora se les revelaría en su totalidad.

2) tenían que aprender a adorarle.

Allí descendería visualmente y por primera vez delante de los ojos de todo el pueblo, **la gloria de Dios**. Ella sería la manifestación visible de su presencia.

La gloria se vería manifestada con varios componentes, tales como, nube espesa, fuego, grande ruido, sonidos fuertes de trompetas, sonido de bocina, truenos y relámpagos.

La palabra gloria en el original hebreo es *Kabod* que significa: Algo sustancial o pesado, honor, glorioso, esplendor, honorable, riqueza, reputación, abundancia, magnificencia, dignidad y excelencia.

La raíz de Kabod es *Kabad* que significa reconocido, pesado, glorioso y notable.

En el Antiguo Testamento el concepto de la palabra pesado representaba un honor, mientras que la palabra ligereza se igualaba a: vacío, temporal, inestable y vanidoso.

En la manifestación visible de la gloria de Dios en el Sinaí se distinguieron todas las formas sublimes de los componentes visibles. Y su totalidad se manifiesta años después en la visión del profeta Ezequiel.

En el desierto se manifestó en nube y fuego. En el monte Sinaí se añade los truenos y relámpagos con los sonidos fuertes y estremecedores.

Le estaba revelando a su pueblo su misma dignidad, su misma excelencia, su propio esplendor y magnificencia.

Para demostrar a su pueblo que él era y es único, y no hubo y no hay y no habrá otro como él.

Entonces Jehová dijo a Moisés: ***He aquí, yo vengo a ti en una nube espesa,*** *para que el pueblo oiga mientras yo hablo contigo, y también para que te crean para siempre.* Éxodo 19:9

En la gloria visible manifestada como nube espesa se revelaba Dios como alguien que tiene valor, ya que la ligereza representaba vanidad.

> *Tuya es, oh Jehová, la magnificencia y el poder, la gloria, la victoria y el honor; porque todas las cosas que están en los cielos y en la tierra son tuyas. Tuyo, oh Jehová, es el reino, y tu eres excelso sobre todos. Las riquezas y la gloria proceden de ti, y tu dominas sobre todo; en tu mano está la fuerza y el poder, y en tu mano el hacer grande y el dar poder a todos.*
> 1 Crónicas 29:11

Todo esto nos confirma que si conocemos y vemos su gloria como un espejo tendremos su misma imagen y su imagen en nosotros producirá un compromiso estable en nosotros, tanto en nuestro carácter como en nuestro ser interior.

Seremos libres de vanidades efímeras, lo temporal de la vida no nos llenará ni lo buscaremos, su Espíritu forjará en nosotros cada vez más peso de gloria como dice su Palabra.

> *Por tanto, nosotros todos, mirando a cara descubierta como en un espejo la gloria del Señor, somos transformados de gloria en gloria en la misma imagen, como por el Espíritu del Señor.* 2 Corintios 3:18

En su gloria visible Dios se reveló a sí mismo en su propio carácter, lo vemos en primer lugar como fuego purificador. Dios eterno que consume, ahora mostraba lo que era su persona, reflejándose en lo visible.

Por eso nos exhorta Pedro en su segunda carta *a andar en santa y piadosa manera de vivir* ya que un día los cielos que vemos encendiéndose serán deshechos, y los elementos, es decir ¡la materia existente, siendo quemados, se fundirán!

También nos exhorta a ser hallados con prontitud delante de Dios cada día sin mancha, en irreprensible paz.

> *Pero los cielos y la tierra que existen ahora, están reservados por la misma palabra, guardados para el fuego en el día del juicio y de la perdición de los hombres impíos.* 2 Pedro 3:7

Cada vez que Dios se manifestaba visiblemente, él les recordaba que su persona era reconocida en el mundo espiritual, tanto por los principados como las potestades.

El mundo invisible espiritual donde se mueven ángeles y potestades le reconocen, ellos distinguen muy bien quién es el dueño y Señor de todo lo creado.

El libro de Santiago nos dice que los demonios le creen y tiemblan.

Tú crees que Dios es uno; bien haces. También los demonios creen, y tiemblan. Santiago 2:19

Sabemos también que un día toda rodilla se doblará en el cielo, en la tierra y debajo de la tierra y todos confesaran que Jesús es el Señor. En esta profecía se está refiriendo a todo lo creado vivo o muerto en el cielo, en el sepulcro o sobre la tierra. Incluye seres angelicales demonios y humanos.

Cuando vieron todos los hijos de Israel descender el fuego y la gloria de Jehová sobre la casa, se postraron sobre sus rostros en el pavimento y adoraron, y alabaron a Jehová, diciendo: Porque él es bueno, y su misericordia es para siempre. 2 Crónicas 7:3

Su gloria trae convicción al corazón para reconocer su grandeza y esplendor y lleva al ser humano a la adoración.

La gloria de Dios sobre el monte

El pueblo de Israel tuvo que subir al monte para aprender a adorar.

Nosotros reflejamos lo que adoramos o contemplamos. **No podemos llegar a contemplar o entender** su gloria **si antes no le adoramos.**

La orden de Dios se hizo sentir: *Deja ir a mi pueblo para que me adore ... Nosotros ofreceremos sacrificios a nuestro Dios.* Darle sacrificios también era adorar. La orden era ir al monte. Para ver la manifestación de Dios, el pueblo tenía que santificarse y al tercer día Dios se mostró al pueblo.

Porque al tercer día Jehová descenderá a ojos de todo el pueblo sobre el monte de Sinaí. Éxodo 19:11

Dios mismo descendió a los ojos de todo el pueblo, pero como Dios es Dios y ningún hombre puede verlo y vivir, él se cubre con el ropaje de la nube espesa y en su fuego abrasador.

Como habíamos visto en el capítulo anterior, Dios desciende siempre sobre las alas de los querubines y también hemos visto que el fuego era parte de su manifestación.

JHVH está cubierto con las alas de los querubines y desciende sobre el monte haciéndolo temblar con relámpagos y truenos.

> *Y Moisés sacó del campamento al pueblo para recibir a Dios; y se detuvieron al pie del monte. Todo el monte Sinaí humeaba, porque Jehová había descendido sobre él en fuego; y el humo subía como el humo de un horno, y todo el monte se estremecía en gran manera. El sonido de la bocina iba aumentando en extremo; Moisés hablaba, y Dios le respondía con voz tronante. Y descendió Jehová sobre el monte Sinaí, sobre la cumbre del monte; y llamó Jehová a Moisés a la cumbre del monte, y Moisés subió.* Éxodo 19:17-20

No solo Dios se manifestaría a su pueblo a través de su gloria visible sino que les declararía sus leyes y ordenanzas.

Ir al monte era encontrarse cara a cara con Dios y su misma manifestación, Dios llama a Moisés a subir a la cumbre del monte a lo más alto, allí lo esperaba y Moisés tenía que subir.

...Y Moisés subió...

La Palabra subir significa *ala,* que es ascender, subir, levantarse. La raíz en arameo es, *El yon/* **El Altísimo. EL MÁS ALTO.**

Este es uno de los nombres de JHVH Dios, el Altísimo, para encontrarlo hay que subir a su presencia, él habita en las alturas de su santidad.

> *¿Quién como Jehová nuestro Dios, que se sienta en las alturas?*
> Salmo 113:5

El pueblo de Israel no conocía lo que era adoración, bajo el yugo de esclavitud solo mantenían en su mente una imagen efímera del Dios que se les apareció a los patriarcas haciendo pactos con ellos en tiempos antiguos.

Recordemos que para conocerle tenemos que elevar, nuestra adoración, es decir levantar nuestro sacrificio delante de él.

Nuestros padres adoraron en este monte, y vosotros decís que en Jerusalén es el lugar donde se debe adorar.

Jesús le dijo: Mujer, créeme, que la hora viene cuando ni en este monte ni en Jerusalén adorareis al Padre. Juan 4:20-21

La gloria de Dios sobre el tabernáculo y el templo. La misma gloria visible que se manifestó en el monte Sinaí desciende sobre el tabernáculo cuando este es acabado.

Entonces una nube cubrió el tabernáculo de reunión, y la gloria de Jehová lleno el tabernáculo.Y no podía Moisés entrar en el tabernáculo de reunión, porque la nube estaba sobre él, y la gloria de Jehová lo llenaba.

Y cuando la nube se alzaba del tabernáculo, los hijos de Israel se movían en todas sus jornadas; pero si la nube no se alzaba, no se movían hasta el día en que ella se alzaba.Porque la nube de Jehová estaba de día sobre el tabernáculo, y el fuego estaba de noche sobre él, a vista de toda la casa de Israel, en todas sus jornadas. Éxodo 40:34-38

La gloria de Dios siempre trajo respeto y temor al pueblo. Cuando Salomón el hijo del rey David pudo acabar la obra que estuvo en el corazón de su padre, esa gloria descendió para quedarse con el pueblo.

Y los sacerdotes no pudieron permanecer para ministrar por causa de la nube; porque la gloria de Jehová había llenado la casa de Jehová.
1 Reyes 8:11

El profeta Ezequiel, la gloria de Dios y los querubines

Ezequiel fue cautivo junto a muchos israelitas desde la tierra de Judá a la tierra de Babilonia, cautivo por Nabucodonosor su Rey. Así pues, Ezequiel es el primer profeta del cautiverio.

Había dos profetas durante el tiempo de la cautividad, Ezequiel y Daniel. Ezequiel era más viejo que Daniel y profetizó durante los primeros veinte o veinticinco años dentro del período de los setenta años en que Israel vivió en tierra extraña permaneciendo en cautiverio en Babilonia.

El Cristo de la gloria junto a los querubines

El libro se abre dramáticamente con la visión de Ezequiel al lado del río Quebar en tierra de Babilonia.

Visión extraña para el profeta pero a la vez profunda y relevante en convicción para su espíritu.

> *Y miré, y he aquí venía del norte un viento tempestuoso, y una gran nube, con un fuego envolvente, y alrededor de él un resplandor, y en medio del fuego algo que parecía como bronce refulgente, y en medio de ella la figura de cuatro seres vivientes. Y esta era su apariencia: había en ellos semejanza de hombre.* Ezequiel 1:4-5

El profeta ve la gran nube de Dios, con fuego envolvente, y en medio del fuego algo que parecía como bronce refulgente.

Como hemos visto en la manifestación de la gloria de Dios en el Monte Sinaí y en el tabernáculo de reunión en el desierto, la gloria de Dios se caracterizaba en manifestarse, **como nube espesa.** A su vez le acompañaba **el fuego** que es la manifestación del cortejo celestial, sus seres angelicales en categoría de querubines.

Nuevamente la gloria de Dios se haría visible pero en esta ocasión sería a través de visiones espirituales.

Si bien solo en esta oportunidad la podía ver el profeta, era real, realizando el recorrido que se le revelaba en el espíritu, llevándolo a él también en espíritu a los lugares donde la gloria de Dios fuera.

La gloria de Dios estaba llena de un gran resplandor.

El resplandor muestra la majestad y potencia de la figura que está en medio del fuego envolvente. *Y el* ***resplandor*** *fue como la luz;* ***rayos brillantes*** *salían de su mano, y allí estaba escondido su poder. Delante de su rostro iba mortandad, y a sus pies salían carbones encendidos.* Habacuc 3:4-5

El resplandor es parte de lo que irradia su presencia. En la manifestación de Jesús en gloria siempre el resplandor lo envuelve, así como a sus seres angelicales que lo acompañan.

El profeta no distingue con claridad lo que envuelve el fuego, solo ve apariencia de bronce refulgente.

El bronce es la revelación de Jesucristo glorificado en un futuro; por cierto, para el profeta distante. Jesucristo antes de manifestarse en su gloria tenía que venir a la tierra a padecer como hombre, nacido de mujer, tomando forma de siervo.

> *Y vi apariencia como de bronce refulgente, como apariencia de fuego.* Ezequiel 1:27

La gloria de Dios se manifestó en visiones con toda su inmensidad juntamente con querubines y ruedas de fuego, revelando así la presencia del Mesías, el Cristo glorificado en medio del fuego.

Cuando vemos el fuego como bronce bruñido, representa también la justicia divina y la firmeza de Cristo como roca inconmovible. Él es la roca eterna de los siglos.

Pies bruñidos o resplandecientes lo ve en visión el Apóstol Juan en la gran revelación en la Isla de Patmos. Ahora si estaba glorificado después de la resurrección, él era, EL CRISTO DE LA GLORIA.

> *Su cabeza y sus cabellos eran blancos como blanca lana, como nieve; sus ojos como llama de fuego; y sus pies semejantes al bronce bruñido, refulgente como en un horno; y su voz como estruendo de muchas aguas.* Apocalipsis 1:14-15

Los cuatro seres vivientes y las ruedas de fuego

No tenemos duda que los cuatro seres vivientes que ve el profeta Ezequiel, son los mismos que vio el Apóstol Juan rodeando el trono de Dios.

Cantaban cánticos nuevos junto con los veinticuatro ancianos, exaltando la obra redentora de Cristo en la cruz.

> *Y cantaban un nuevo cántico, diciendo: Digno eres de tomar el libro y de abrir sus sellos; porque tu fuiste inmolado, y con tu sangre nos has redimido para Dios, de todo linaje y lengua y pueblo y nación; y nos has hecho para nuestro Dios reyes y sacerdotes, y reinaremos sobre la tierra. Y miré, y oí la voz de muchos ángeles alrededor del trono, y de los seres vivientes, y de los ancianos; y su número era millones de millones, que decían a gran voz: El Cordero que fue inmolado es digno de tomar el poder; las riquezas, la sabiduría, la fortaleza, la honra, la gloria y la alabanza. Ya todo lo creado que está en el cielo, y sobre la tierra, y debajo de la tierra, y en el mar; y a todas las cosas que en ellos hay, oí decir: Al que está sentado en el trono, y al Cordero, sea la alabanza, la honra, la gloria y el poder; por los siglos de los siglos. Los cuatro seres vivientes decían: Amén.* Apocalipsis 5:9-14

Cuatro caras en los seres vivientes

Estas criaturas se distinguían por tener caras diferentes que los diferenciaban. Una de hombre, otra de un águila, de buey y de león.

A través de toda la historia estas cosas han representado simbólicamente ciertas cualidades o caracteres de Dios.

El león siempre muestra un cuadro de soberanía, como ser el señor sobre los animales. También la Palabra nos muestra a Jesús como el verdadero León de la tribu de Judá, que reina y reinará sobre toda su creación

La cara del hombre es el cuadro de la inteligencia y el entendimiento. Jesús se hizo hombre y fue llamado el hijo del hombre, representando su parte humana, lleno de gracia y verdad.

El buey es siempre símbolo de la servidumbre y de sacrificio. Cristo padeció y se hizo sacrificio para Dios muriendo en la cruz por los pecados de la humanidad.

Y la cuarta cara, el águila es el símbolo de la potencia y de la deidad. Cristo es el altísimo sobre toda creación.

Su madre María recibió un glorioso anunció antes de nacer su hijo Jesús: **este que sería llamado Hijo del Altísimo.**

Este será grande, y será llamado Hijo del Altísimo; y el Señor Dios le dará el trono de David su padre. Lucas 1:32

También los cuatros seres vivientes representan los cuatro Evangelios presentando al Mesías en sus diferentes manifestaciones. **Cristo el Mesías, el Hijo del Hombre, el Rey y Profeta y el Verbo de Dios encarnado.**

Es maravilloso hablar de estas criaturas vivientes. Anteriormente, habíamos nombrado **a los querubines unidos al trono de misericordia de Dios, por los no redimidos.**

Ahora vemos que los seres vivientes advierten con sus exclamaciones a la justicia divina. Se asocian al canto de los ancianos, quienes cantan una nueva canción. Así como la iglesia redimida.

Y los veinticuatro ancianos y los cuatro seres vivientes se postraron en tierra y adoraron a Dios, que estaba sentado en el trono, y decían: ¡Amén! ¡Aleluya! Apocalipsis 19:4

Manifestación total de la gloria de Dios

Miré, y he aquí en la expansión que había sobre la cabeza de los querubines como una piedra de zafiro, que parecía como semejanza de un trono que se mostró sobre ellos. Ezequiel 10:1

Y sobre las cabezas de los seres vivientes aparecía una expansión a manera de cristal maravilloso, ,extendido encima sobre sus cabezas. Ezequiel 1:22

Y sobre la expansión que había sobre sus cabezas se veía la figura de un trono que parecía de piedra de zafiro; y sobre la figura del trono había una semejanza que parecía de hombre sentado sobre él. Ezequiel 1:26

Queremos traer una clara mención entre el paralelismo que hay en el capítulo 1 y el capítulo 10. Es la misma relación, con la diferencia de la aclaración que los seres vivientes mencionados en el capítulo 1, son llamados más adelante querubines.

Como hemos visto los querubines mostraron desde el principio de la creación del hombre la redención de Cristo a través de las diferentes dispensaciones hasta la plenitud del Cristo de la gloria.

Veamos en detalle cada área que nos describe el profeta Ezequiel con relación a la Gloria de Dios.

En primer lugar el profeta ve, **un viento tempestuoso,** que trae la visión de la gloria de Dios. Esta gloria viene del cielo, de donde proviene la habitación de Dios.

Este viento tempestuoso es el Espíritu de Dios en su manifestación de viento.

Jesús revelo al Espíritu Santo como viento y soplo. El mismo sopla sobre sus discípulos para que lo reciban. En el Pentecostés descendió como viento recio, llenando la casa y los que estaban congregados.

Luego aparece **la nube espesa** como la gloria de Dios manifestada en el Antiguo Testamento.

Él habitó dentro de la nube. Descendió literalmente en ella librándolos de sus enemigos.

El fuego envolvente que cubre la deidad, es el fuego de su persona misma, porque Dios es fuego consumidor, pero lo que lo envuelve son los querubines, transformados en fuego ardiente.

Los querubines siempre han representado la redención del Cristo viviente.

El bronce refulgente representando la obra de Cristo envuelto por apariencia de fuego.

Los cuatro seres vivientes, querubines de Dios, con sus cuatro caras y sus cuatro alas, representando la obra perfecta de Cristo, en sus cuatro Evangelios.

Carbones de fuego encendidos que andaban en medio de los cuatro seres vivientes, recordándonos que él es fuego purificador.

Los labios del profeta Isaías tuvieron que ser purificados con carbones encendidos del altar de Dios. Los labios de los siervos que predicaron la Palabra, tuvieron que ser purificados ya que a través de ellos salían la palabra pura y santa de Dios.

La gran rueda, que formaba cuatro a la vez con semejanza al color del crisolito. El espíritu de los seres vivientes que estaba en las ruedas, nos muestra los carruajes del cielo, el ejército celestial, sus ministros de fuego, transportadores de su gloria.

Y sobre las cabezas ... aparecía una expansión en forma de cristal maravilloso ... extendido por encima de las cabezas de los seres vivientes, la expansión de la habitación de Dios en su lugar altísimo, como río de su espíritu limpio y puro. En él no hay sombra de variación. El cristal transparente es semejanza al río que sale del trono de Dios.

Miré, y he aquí en la expansión que había sobre la cabeza de los querubines como una piedra de zafiro, que parecía como semejanza de un trono que se mostró sobre ellos.

La figura de un trono que parecía de piedra de zafiro. La Deidad aparece aquí entronada, en la semejanza de humanidad.

Y vieron al Dios de Israel; y había debajo de sus pies como un embaldosado de zafiro, semejante al cielo cuando está sereno. Éxodo 24:10

El pavimento de una piedra del zafiro, era el cuerpo del cielo en claridad, tenemos aquí el «trono» y Dios «como hombre», con el «aspecto del fuego alrededor de él».

Así también Cristo se entregó por nosotros como sacrificio agradable, subiendo al monte Calvario para derramarse a sí mismo por nosotros, como sacrificio vivo y agradable.

> *Y la gloria de Jehová reposó sobre el monte Sinaí, y la nube lo cubrió por seis días; y al séptimo día llamó a Moisés de en medio de la nube. Y la apariencia de la gloria de Jehová era como un fuego abrasador en la cumbre del monte, a los ojos de los hijos de Israel. Y entró Moisés en medio de la nube, y subió al monte.* Éxodo 24:16-18

La gloria de Dios cubre totalmente el monte. Moisés es el escogido por Dios para poder penetrar a través de la nube espesa y subir al monte para hablar cara a cara con Dios.

Todo el monte estaba saturado de la presencia de JHVH. Sobrenaturalmente, Moisés permanece 40 días allí bajo la irradiante luz de su presencia. Su piel se satura de esa luz sobrenatural.

> *Y aconteció que descendiendo Moisés del monte Sinaí con las dos tablas del testimonio en su mano, al descender del monte, no sabía Moisés que la piel de su rostro resplandecía, después que hubo hablado con Dios.* Éxodo 34:29

Este resplandor es único, más brillante que el sol, Moisés baja del monte trayendo el resplandor en la piel de su rostro.

Aun la tierra brillará cuando su gloria la acaricie. ¡No es esto maravilloso!

> *Y he aquí la gloria del Dios de Israel, que venía del oriente; y su sonido era como el sonido de muchas aguas, y la tierra resplandecía a causa de su gloria.* Ezequiel 43:2

Se le debe adorar en todo lugar

Israel siempre tuvo presente en su mente la imagen de adorar a Dios sobre el monte.

Pero, siglos más tarde, Jesús les enseñaría a adorar no en lugares santos como habían aprendido, sino desde el momento que él fue levantado en la cruz sobre un monte. A partir de ese momento se podría adorar a Dios en cualquier lugar en Espíritu y verdad, no solamente judíos sino también samaritanos que eran considerados casi como gentiles, es decir extranjeros del pacto.

El azul del zafiro responde al color del cielo. Este era un preludio de la encarnación del Mesías, pero en su carácter como Salvador y como Juez.

Mientras que otros se llaman los «hijos de Dios», solamente él es llamado «El hijo de Dios» mientras que de otros se llaman «hijos del hombre» (Ezequiel 2:1,3), él es «El hijo del hombre», siendo el conjunto incorporado **de la humanidad y de la raza humana; él es por otra parte el representante «de la plenitud de la deidad».**

Mientras que el Querubín (los cuatro seres vivientes y las ruedas de fuego) se mueven, el trono arriba, y Jehová que los mueve, están firmemente fijos.

El color zafiro tiene varios matices de azul y tiene una dureza inferior al diamante. En las llamas de fuego se puede distinguir este color zafiro.

El zafiro es una piedra preciosa mencionada como el segundo de los cimientos de la Jerusalén Celestial.

También lo vemos en los jinetes y caballos los cuales están rodeados de corazas de fuego, de zafiro y de azufre. Vemos nuevamente la unión de esta piedra preciosa con el fuego.

> *Así vi en visión los caballos y a sus jinetes, los cuales tenían corazas de fuego, de zafiro y de azufre. Y las cabezas de los caballos eran como cabezas de leones; y de su boca salían fuego, humo y azufre.* Apocalipsis 9:17

Dios habita entre querubines como dice el salmo y él se mueve entre el fuego y piedras preciosas.

En medio del fuego vemos algo más, son los **carbones encendidos.**

> *Y habló al varón vestido de lino, y le dijo: Entra en medio de las ruedas debajo de los querubines, y llena tus manos de carbones encendidos de entre los querubines, y espárcelos sobre la ciudad. Y entró a vista mía. Y los querubines estaban a la mano derecha de la casa cuando este varón entró; y la nube llenaba el atrio de adentro.* Ezequiel 10:2-3

Alas por los cuatro lados de los seres vivientes

En la sombra de tus alas me regocijaré dice el salmista. Las alas representan el poder de trasladarse en los aires.

> *Cada uno tenía cuatro caras y cuatro alas.* Ezequiel 1:6
>
> *Se le fue mostrado, que los seres vivientes tenían cuatro alas tenían sus alas extendidas por encima, cada uno dos, las cuales se juntaban; y las otras dos cubrían sus cuerpos.* Ezequiel 1:11

Esto nos recuerda los dos querubines sobre el propiciatorio que con sus dos alas cubrían la tapa del arca del pacto.

Los relámpagos nos recuerda el recorrer veloz de su presencia entre los cielos de los cielos, en un abrir y cerrar de ojos recorren distancia de años luz. Así será la venida del hijo del Hombre.

El arco iris envolviendo con resplandor, sobre el trono, recuerda el amor hacia la humanidad, el pacto hacia el hombre.

Dios le revela más allá de la visión de la gloria al profeta.

Pero la revelación más contundente que el profeta tenía que discernir con respecto a la gloria de Dios era su ascensión del templo y de Israel, por causa del pecado cometido contra JHVH.

Es decir la gloria de Dios se iba a retirar de Israel. Su preciosa y cara presencia para el pueblo de Israel se iba a ir.

Muy poco valor se le da hoy a la gloria de Dios. Pero quiero decirles que, si su presencia se retira de una congregación, de un ministerio, de un siervo de Dios, quedará un vacío que nadie podrá llenar jamás.

Cuando existe una carencia de la gloria de Dios, el pueblo vive en un continuo vacío y en forma rutinaria. Se podrá predicar, cantar y hacer lo mismo de antes, pero ya no será lo mismo.

Así le paso a Israel. ¡Cuán vacía quedó, al retirarse la gloria! ¡su gloria había sido transpuesta!

No solo habían sido cautivos por Babilonia y quemadas sus casas, dejada desolada su amada Jerusalén, por castigo divino, sino que lo más preciado que poseía Israel, la gran perla que la embellecía, era **la gloria de Dios,** y esta sería quitada de en medio de ellos.

Analizando el recorrido de la gloria de Dios

Primeramente la gloria de Dios desciende en la nube y luego sobre el Monte Sinaí, más tarde llena el tabernáculo y finalmente se aparece sobre el templo de Salomón.

Ezequiel es el profeta que verá en visión la gloria de Dios irse del templo y aunque estaba lejos físicamente de Jerusalén, en tierra de asirios, se le revela por el Espíritu la trayectoria de la misma.

Dios llama al profeta para que vea las abominaciones que cometió el pueblo de Israel durante cien años. Lo traslada por el Espíritu a los ángulos del templo en Jerusalén y contempla el recorrido de la gloria de Dios.

> *Entonces la gloria de Jehová se elevó de encima del umbral de la casa, y se puso sobre los querubines. Y alzando los querubines sus alas, se levantaron de la tierra delante de mis ojos; cuando ellos salieron, también las ruedas se alzaron al lado de ellos; y se pararon a la entrada de la puerta oriental de la casa de Jehová, y la gloria del Dios de Israel estaba por encima sobre ellos. Estos eran los mismos seres vivientes que vi debajo del Dios de Israel junto al río Quebar; y conocí que eran querubines.* Ezequiel 10:18-20

La gloria de Dios sale de la ciudad que es Jerusalén y reposa sobre el monte que está al oriente de la ciudad.

Además de serle revelado al profeta por el Espíritu la retirada de la gloria de Dios del templo, ve en forma palpable el movimiento de la gloria y de los querubines con los cuatro seres vivientes.

> *Y la gloria de Jehová se elevó de en medio de la ciudad, y se puso sobre el monte que está al oriente de la ciudad. Luego me levantó el Espíritu y me volvió a llevar en visión del Espíritu de Dios a la tierra de los caldeos, a los cautivos y se fue de mí la visión que había visto.* Ezequiel 11:23,24

Cómo conocer la gloria Doxa en Cristo

Cuán gloriosa y cara es ver la manifestación de la gloria de Dios sobre nuestras vidas, sobre la iglesia y sobre las naciones.

La Iglesia de Jesucristo tiene el derecho legal de vivir bajo su gloria y su cuidado. Ella es la majestad manifestada del Dios Omnipresente, palpable y visible de su presencia.

El Monte Sinaí fue testigo de ella y el monte Calvario también

Los profetas la vieron en diferentes manifestaciones como espesa nube, columna de fuego, a veces con extrañas y misteriosas figuras que la acompañaban, caras de seres no conocidos, pero ella siempre se ha aparecido al hombre de Dios como un misterio de su presencia y poder, candente como el fuego del altar de Dios y poderosa en sí misma a tal punto de poder matar aquel que se le acercara y quisiera tocarla.

Miles de años pasaron manifestándose en diferente forma, pero **la gloria de Dios** sigue siendo la misma que descendió sobre el monte Sinaí. La misma que llenó el templo de Salomón, la misma que el profeta vio en visión, y es la misma que se trasladó para reposar sobre Jesús, sobre su ministerio y sobre su iglesia amada.

La misma que vio Juan el Bautista sobre el Cristo que subía para ser bautizado.

> *Y aquel verbo fue hecho carne, y habitó entre nosotros (y vimos su gloria, gloria como del unigénito del Padre), lleno de gracia y verdad.* Juan 1:14

Habitó significa que ocupó el tabernáculo, es decir, cuando Dios se manifestó desde la tienda en el desierto. Así Jesús se identificó con la humanidad al hacerse carne y vivir entre su pueblo, dejando ver su gloria.

Esta gloria sobre el Cristo mencionada es la gloria *Doxa*. La palabra griega significa, **glorioso, honor, alabanza dignidad y adoración.**

También significa, la majestad del Mesías, la excelencia absolutamente perfecta de Cristo, y la evidencia de su brillo exterior.

Así como la del Sinaí era la gloria *Kabod*, la que reposó sobre el templo de Salomón y formaba parte importante en Israel, en su culto de adoración y servicio

Hoy la iglesia tiene que ser envuelta en gloria para que el mundo vea y palpe la presencia de Dios sobre sus escogidos. La presencia de sus seres angelicales en medio del pueblo.

Si esperamos avivamiento tenemos que ser investidos de su mismo poder y de su misma gloria. La Biblia nos revela que podemos lograrlo.

> *Por tanto, nosotros todos, mirando a cara descubierta como en un espejo la gloria del Señor, somos transformados de gloria en gloria en la misma imagen, como por el Espíritu del Señor.* 2 Corintios 3:8

Cada miembro del cuerpo de Cristo hoy tiene que reflejar la misma imagen de la gloria del Señor resucitado.

Se dice que reflejamos lo que contemplamos. Sí, es cierto, pero si contemplamos cada día **la majestad de su gloria** se verá en nosotros su imagen.

Para eso se requiere conocerlo, no podemos reflejar su gloria sin antes pasar tiempo con él.

Necesitamos **entenderlo y conocerlo.**

> *Así dijo Jehová: No se alabe el sabio en su sabiduría, ni en su valentía se alabe el valiente, ni el rico se alabe en sus riquezas. Mas alábese en esto el que se hubiere de alabar: en entenderme y conocerme, que yo soy Jehová, que hago misericordia, juicio y justicia en la tierra; porque estas cosas quiero, dice Jehová.* Jeremías 9:23-24

Si conocemos su misma gloria, ella nos llevará a la revelación de su presencia.

Su conocimiento es como el vasto mar, mientras más profundizamos más sacamos, y nunca se acaba. Su sabiduría es infinita, aún no le hemos conocido en su totalidad, hay mucho más para conocer y aprender de él.

> *Y conoceremos, y proseguiremos en conocer a Jehová; como el alba está dispuesta su salida, y vendrá a nosotros como la lluvia, como la lluvia tardía y temprana a la tierra.* Oseas 6:3

Esta es una palabra profética para los que iban a vivir en tiempos donde la lluvia temprana y tardía se derramaría.

Se exhorta a proseguir buscando el conocimiento y la misma presencia de Dios.

Estos son los tiempos en que la iglesia no debe estar durmiendo sino velando, buscando, **porque la gloria postrera sería mayor que la primera,** y para que haya más gloria tiene que haber un mayor conocimiento del poder y de la majestad de Dios en toda su manifestación.

La palabra **conocer** en griego significa *Ginosko*, que quiere decir: **conocimiento objetivo que pasa a la conciencia.**

El Espíritu de Dios que vive dentro del espíritu del hombre es el que nos revela a Cristo en nuestro espíritu y en nuestra conciencia, y nos muestra firmemente la revelación divina.

Su revelación a través del conocimiento hecha raíz en nosotros y marca nuestra conciencia, de tal manera, que nadie puede arrancar esa revelación impartida por el Espíritu de Dios al nuestro.

Muchos tienen un conocer llamado también en griego *oida* que es un **conocimiento interno consciente en la mente.**

Algo captan, pero es superficial ya que la mente es propicia a dudar y es inconstante.

Necesitamos **conocer,** es decir tener un *ginosko* profundo en nuestro espíritu humano del carácter y de la majestad que envuelve a Dios.

Este carácter y su forma personal de existencia se hace manifiesto a través de su misma imagen revelada en su gloria.

En este momento en que vivimos los indoctos serán fácilmente engañados por no conocer a profundidad a Jesucristo y su revelación divina, que es su gracia redentora y los beneficios del Calvario.

Conocer a Dios es conocer su Palabra, conocer su Palabra es tener conocimiento interno consciente de su propósito y voluntad, es conocer el *rehma* de Dios para tu vida.

Es maravilloso conocer a los ángeles, querubines, serafines, arcángeles y seres maravillosos envueltos en fuego, ellos son parte de la gloria de Dios, son parte de su creación pero **¡Él es el Creador! Él es el Altísimo. Él es el Todopoderoso. ¡Es maravilloso conocerlo!**

Capítulo 7

¿Ovnis, aliens, o ángeles caídos?

«Otros autores dicen que los ángeles son como extraterrestres».

Queremos hacer énfasis en un tema que hasta el día de hoy ha sido vigente y misterioso.

Muchos han aprovechado la oportunidad que se les ha presentado para realizar películas concernientes a los extraterrestres y a ciertas apariciones de naves voladoras no identificadas (UFOs).

Estos y muchos otros se han hecho millonarios entrando tanto en la pantalla grande como en la chica de los hogares y acaparando la imaginación de grandes y pequeños.

Pero son pocos realmente los que testifican que han visto Aliens o han tenido contacto con especies de otros planetas. Es más, hasta el día de hoy los grandes radares nunca han podido certificar haber recibido una sola señal del vasto universo.

Los que dicen haber tenido contacto con ellos, generalmente, son personas que creen haber sido escogidos para transmitir algo importante a la tierra, mientras que otros afirman haber entrado en una nueva dimensión mientras dejaban su cuerpo en la tierra.

Algunos dicen que fueron introducidos dentro de naves y que por telepatía recibieron ciertos mensajes para comunicarse con ellos o que les dieron poderes para luego manifestarlos en «beneficio de la raza planetaria», luego se comportan como líderes de nuevas sectas o sanadores con poderes extraños (siendo casos muy aislados).

Otros afirman recibir mensajes telepáticos y escribirlos. Sin embargo, estos «mensajes» no traen un claro origen de sus propósitos.

Muchos lugares como las Islas de las Bermudas, el desierto en EE.UU., las montañas en Ecuador, Perú y partes alejadas de Argentina, han sido lugares prolíficos para estas supuestas y extrañas apariciones.

En las montañas de Montserrat, Barcelona, España, muchos aficionados suben a ella los días once de cada mes porque según una tradición en ese día específico aparecen luces blancas en el cielo de forma redonda como platillos y muchos dicen que lo han visto.

Sin embargo, también sabemos que en sus cuevas hace decenas de años, en ese mismo lugar se practicaba la invocación a los espíritus.

Estas cuevas subterráneas son muy profundidades y alcanzan infinitos kilómetros, donde por siglos resguardó a los místicos e incautos haciendo invocaciones a las tinieblas.

También era muy usual llevarse pedazos de piedras a los hogares para protección de los malos espíritus.

Dentro de estas cuevas hay incrustada una piedra de cuarzo como del tamaño de un huevo de gallina y muchos de los visitantes la tocan para recibir magnetismo del más allá, creyendo que posee poderes curativos.

De todo esto, hoy por hoy, Montserrat, ha sido conocida por el escándalo de sus frailes.

Crisis en el monasterio de Montserrat

Los dos últimos abades, Cassiá Just y Sebastiá Bardolet, fueron inducidos a dimitir al calor de una controversia interna generada por el autoritarismo y la sexualidad en la abadía benedictina.

Vista del monasterio de Montserrat (Marcel Li Saénz).

La emblemática abadía benedictina de Montserrat está atravesando una larga crisis. Los relevos de los dos últimos abades, Cassiá Just, en 1989, y Sebastiá Bardolet, en mayo de este año, fueron traumáticos, aunque oficialmente se presentaron como renuncias voluntarias. Una inspección realizada por «visitadores» llegados desde

Roma puso al descubierto la división de la comunidad frente a lo que algunos estimaban de «autoritarismo» y ante la controversia suscitada por la vida sexual de una minoría de frailes. El actual prior quita hierro a estas informaciones.

EL PAIS DIGITAL Sociedad, Domingo 29 octubre 2000, Número 1640

Montañas misteriosas, lugares solitarios, casas abandonadas con leyendas de estar encantadas, son lugares apropiados tanto para los experimentos de los servicios secretos de las grandes potencias, como también para la invocación de las fuerzas de las tinieblas.

También podemos constatar que en los lugares específicos donde se han hecho invocaciones a los demonios, adoración o culto a ellos, han quedado marcados.

Estas invocaciones han pasado de siglo en siglo pero ahora vemos una proliferación más acentuada.

¿Por qué este movimiento de seres espirituales tiene interés en los humanos?

Sabemos por la palabra profética, que antes de la venida visible de Nuestro Señor Jesucristo, habrá un gran movimiento espiritual sobre la tierra y sobre el cielo.

Algunos que han tenido visiones del infierno y otros que han sido trasladados allí, han visto grandes canales como túneles espirituales e invisibles, conectados entre la atmósfera celestial y el centro de la tierra, donde testifican haber visto un gran mover demoníaco entrando y saliendo de la tierra.

¿Serán en estos lugares precisos de la tierra donde se mueve más la actividad satánica?

Ovnis creados por los hombres

Sabemos que muchas de estas apariciones han sido en fechas y lugares específicos del planeta tierra.

¿Por qué aparecieron en la época donde comenzaba un gran desplazamiento militar en la tierra?

Fue en la época que el proyecto de la bomba atómica estaba en su pleno apogeo, mientras Rusia aumentaba su arsenal atómico. Estados Unidos se había declarado su enemigo corriendo la carrera a ver quien llegaba a tener más potencia en lo que respecta a toda la maquinaria del arsenal bélico, es allí donde comienza a crearse toda esta situación

Queremos dividir este capítulo en dos temas:

La farsa de las apariciones de ovnis y

Los llamados contactos con los extraterrestres.

Veamos lo que nos dice Luis Alfonso Gámez sobre la verdad de las apariciones de los platillos voladores.

El término platillo volante nació el 24 de junio de 1947 en Estados Unidos. Kenneth Arnold, un vendedor de equipos de extinción de incendios, volaba en su avioneta de Chehalis a Yakima, en el estado de Washington, cuando vio nueve objetos que volaban en formación sobre el monte Rainier. *«Se desplazaban como platillos saltando sobre el agua»*, recordaba después. En un primer momento, Arnold temió que se trataba de aeronaves soviéticas e intentó informar al FBI; pero, la oficina de Pendleton (Oregon) estaba cerrada, así que acabó contando la historia a los periodistas. La agencia de noticias Associated Press envió un despacho que dio la vuelta al mundo y pronto empezaron a verse extraños ingenios volantes por todo el país.

Un año más tarde, aparecía en los quioscos el primer número de **Fate**, que con el tiempo se iba a convertir en *«el principal abastecedor de tonterías paranormales»* de Estados Unidos [Gardner, 1983]. El artículo de la portada de la nueva revista era *I did see the flying disks* y, aunque estaba firmado por Arnold, había sido escrito por Palmer. El autor había pasado por alto todas las dudas que el testigo había reflejado en el informe al ejército, así como las incongruencias del relato, contradictorio en lo que se refería al tamaño y la velocidad de los objetos volantes. Describía el suceso con un tono gris y afirmaba, entre otras cosas, que los discos habían suscitado en Arnold *«un sentimiento extraño»*. Al eliminar del relato original los elementos incómodos e inventarse detalles inexistentes, Palmer se convirtió en el primer ufólogo de la historia.

George Adamski

George era un señor que tenía un puesto de hostelería cerca del observatorio de monte Palomar, y que se dedicó a fotografiar unas extrañas naves en las que se apreciaba el aro del que estaban sujetas con un hilo. Un buen día se convirtió en el primer contactado del mundo, conociendo unos habitantes de Venus que descendían de su nave nodriza en forma de puro. Estos eran rubios, delgados, afeminados y de estatura media.

Posteriormente, se formó en torno a él y sus libros un grupo que lo creían. Los extraterrestres habían venido para advertirnos de que usar armas atómicas podía ser muy malo, y ellos eran muy bondadosos. Luego, lo llevaron a dar una vuelta en una de sus naves, y le contaron que algunos humanos tenían sangre extraterrestre y por lo tanto eran de la «raza superior». Adamski fue enterrado en la colina de Arlington, lugar reservado para los que han prestado servicios a los EE.UU., lo que ha llevado a sospechar que actuaba al dictado de la CIA en algún oscuro experimento sociológico.

Otros muchos creen en las apariciones de ovnis en forma diferente. Ya no lo ven como «Platillos Voladores» sino que cualquier luz o reflejo en el cielo, le hacen suponer que son revelaciones o señales para aceptar mensajes del más allá o procedentes de los astros.

Josep Guijarro recopila muchos de ellos:

El 26 de Octubre del año 312 de nuestra era, el emperador romano Constantino I, el Grande, se hallaba arrodillado de cara al sol, adorándole, cuando se produjo un extraño fenómeno. Procedentes del astro rey, el emperador acertó a ver unas oscuras radiaciones en diagonal que dibujaban una luminosa y potente cruz sobre el cielo. En su mente resonó entonces un nombre *Christos* y, a continuación, la misma voz sobrenatural le dijo: «Con este signo, triunfarás». Constantino, no lo pensó dos veces. Todavía perplejo por aquel espejismo o ensoñación, ordenó a sus hombres la sustitución del águila imperial que figuraba en las égidas y estandartes de sus tropas por el símbolo de Cristo.

Al amanecer del 27 de Octubre las tropas de Constantino aguardaban la llegada al desfiladero, al pie del puente Milvaiano, de las filas enemigas que se hallaban bajo las órdenes de Marco Aurelio Majencio. La batalla fue encarnizada, pero Constantino venció. ¿Se debió a la victoria anunciada por el extraño fenómeno luminoso? ¿O, simplemente, la superstición sirvió de impulso positivo a las sugestionadas tropas romanas?

En este relato podemos observar dos cosas, él no estaba adorando a Dios, simplemente estaba adorando un astro, creado por Dios.

Una de las más antiguas idolatrías nació de Nimrod, promotor de la torre de Babel y adorador del sol. La adoración al sol y la luna siempre ha sido la cuna del pecado de idolatría y la puerta abierta al ocultismo y a la adoración a Satanás mismo.

Además dice que en su mente resonó la palabra.

Aquí no hay nada de ovnis. En la idolatría vimos en este mismo libro que se mueven los dioses o espíritus caídos y ellos mueven desde el mundo espiritual a los reyes y gobernantes de la tierra.

No dejamos de calificar que muchas de estas luces y visiones han sido provocadas por demonios, que usando su influencia sobre los humanos quieren cambiar el rumbo de la historia.

¿Ovnis en el antiguo Egipto?

Ya con anterioridad el rey Tutmosis III presenció estos extraños artefactos en Egipto. De ello da cuenta el conocido Papiro Tulli que se conserva en los Museos Vaticanos, en Roma. Este documento describe la llegada de un círculo de fuego en el cielo el 18 de febrero de 1487 a.C. «*No tenía cabeza (aunque), el aliento de su boca (despedía) un olor fétido. Su cuerpo era como una pértiga de largo (unos 5 metros) y una pértiga de ancho. No tenía voz*». Más adelante puede leerse: «*¡Oh! Son numerosos... Brillan más que el sol, en los cuatro puntos cardinales del cielo*».

¿Serían ángeles o ángeles caídos? Muchas de estas manifestaciones que confunden y son incógnitas provienen de las fuerzas de las tinieblas.

Platillos voladores diseñados por el «maestro del mundo».

El barón Rudolf von Sebottendorf fundó en 1918 la *Sociedad Thule*. Fascinado por el esoterismo islámico este dignatario entró en contacto con iniciados drusos que afirmaban recibir sus enseñanzas del «Maestro del Mundo», el señor Thule y de Shambala, la cuna de una raza capaz de influir en los sentimientos colectivos de la masa por vías ocultas.

El inventor Víctor Schonberger pertenecía al círculo de los esotéricos de la sociedad Thule. Él buscaba una energía alternativa y una técnica distinta y más simple que aplicar a los ingenios bélicos del III Reich: «Implosión en lugar de Explosión» y, al parecer, la desarrolló gracias a los conocimientos custodiados en la Sociedad Secreta y también merced a los contactos con otros esotéricos entroncados cón la Thule: la Sociedad Vril.

Sus prototipos dieron origen a tecnología de guerra que, por fortuna, nunca pudo ser utilizada por Hitler. Se trataba de una serie de aviones de forma discoidal que recuerdan poderosamente a los ¡platillos volantes! ¿Es solo una coincidencia? ¿Actuaron los ingenieros de Hitler según las directrices de entidades invisibles?

En 1919 un grupo escogido de las Sociedades Thule y Vril se reunieron en una mansión de Wertesgarden. *Provistos de dos médiums, una de ellas de tan solo 18 años, canalizaron información proveniente de una fuente extraterrestre en la que se daban instrucciones precisas para el desarrollo de una tecnología capaz de hacerles viajar hasta las estrellas.*

Desde entonces Schonberger se consagró a la propulsión por levitación. En 1934 la sociedad creó la primera nave circular experimental con energía antigravitatoria, el RFZ1.

Numerosas fotos sobre ovnis efectuadas después de 1945 muestran las señales características de esta estructura y otras parecidas incluidas en el proyecto Haunebu, cuyos planos desaparecieron con la llegada de los aliados a la base de Penemunde.

Las Sociedades Thule y Vril no serían las únicas que esperaban la llegada de ese «Rey del Mundo» ni tampoco la única orden que ligaba su existencia a un centro de poder supremo.

Vemos aquí el contacto espiritual que usó Rudolf al contactarse con los iniciados drusos y entrar en contacto con los mensajes que ellos les enseñaban. Mensajes que decían venían del «maestro del mundo».

Podemos constatar que el maestro del mundo es Satanás el cual dice la Biblia que el Espíritu de Jesús nada tiene que ver con él.

Y les dijo: Vosotros sois de abajo, yo soy de arriba; vosotros sois de este mundo, yo no soy de este mundo.

Jesús mismo afirmó no ser de este mundo. Su origen fue del cielo, él vino a la tierra hacer la obra que el Padre le había encomendado.

Vemos que la palabra mundo viene del griego *Kosmo*.

Originalmente significó: orden, ornamento, adorno, simetría, belleza.

Posteriormente *kosmo* representó a la tierra (en oposición al cielo) y al mundo secular. Frecuentemente, en el Nuevo Testamento, la palabra describe al mundo alejado y opuesto a Dios, que descansa sobre el poder del mal.

El mundo es el orden marcado por la sociedad actual, liderado por el príncipe de este mundo.

Ahora es el juicio de este mundo; ahora el príncipe de este mundo será echado fuera. Y yo, si fuere levantado de la tierra, a todos atraeré a mí mismo. Juan 12:31-32

¿Dónde está el sabio? ¿Dónde está el escriba? ¿Dónde está el disputador de este siglo? ¿No ha enloquecido Dios la sabiduría del mundo? 1 Corintios 1:20

En los cuales el dios de este siglo cegó el entendimiento de los incrédulos, para que no les resplandezca la luz del evangelio de la gloria de Cristo, el cual es la imagen de Dios. 2 Corintios 4:4

Veamos lo que comenta Juan Ferrer de España sobre el tema:

¿Realmente sabemos los ciudadanos de la calle hasta qué punto puede llegar nuestra propia tecnología? Hay que tener en cuenta que posiblemente estemos siendo manipulados tecnológicamente. Que existan gran cantidad de avances tecnológicos y que nos los estén ocultando, y solo salga a la luz lo que creen conveniente y el resto queda oculto en el más riguroso secreto. Prueba de ello pueden ser los avances tecnológicos que alcanzó el III Reich con su líder Adolf Hitler y que hasta hace poco permaneció en el más secreto de los secretos.

La tecnología del III Reich

En el año 1919 se fundó en Alemania la sociedad secreta TULE, la cual se ramificó por todo el país. La central de la sociedad se encontraba en Munich. Gran número de miembros de la sociedad se alzó en clara oposición contra la República Socialista de Baviera.

Fundaron un partido político y en el año 1921 nombraron un portavoz político que fue Adolf Hitler, un joven conocido por sus creencias ocultistas. El plan de Hitler de fundar un imperio milenario le fue inspirado por miembros de la sociedad TULE. Las ambiciones políticas de la sociedad generaron la formación de pequeños grupos independientes uno de los cuales fue la sociedad VRIL.

A finales de 1919 un grupo selecto compuesto por miembros de la sociedad TULE y VRIL, celebraron una reunión en una antigua casa de campo. Llevó la voz cantante el Doctor Shuman, su especialidad eran las energías alternativas. Presidió la reunión la médium María Ostiz, también estaba presente otra médium, la joven Sira de 18 años. María Ostiz, mostró unos textos que según ella había recibido de unos espíritus.

Uno estaba escrito en idioma sumerio y el otro estaba cifrado en el código secreto de la Orden Templaria. Ambos textos fueron traducidos, eran planes para el desarrollo de una tecnología avanzada que permitiría el poder llegar a las estrellas. A partir de estos momentos los miembros de la sociedad Vril, se consagraron a la realización de una de las ideas que nunca jamás habría podido concebir la mente humana. La propulsión por levitación.

Después de la llegada al poder del partido Nacional Socialista. Las sociedades ocultistas pasaron a la clandestinidad.

La sociedad TULE creó en el interior de la «SS» una organización secreta llamada Sol Negro. La sociedad VRIL continuó sus investigaciones científicas, por lo que parece ser, que esta sociedad a mediaos del año 1934 creó su primera nave circular experimental propulsada por energía antigravitatoria. La «RFZ-l». Los responsables de su construcción fueron el profesor Shuman y un ingeniero de vuelo.

A finales del año 1934 la sociedad VRIL había construido otra nave la «RFZ-2» con un sistema de propulsión mucho mejor, y por primera vez, un sistema de dirección por impulsión magnética. Tenía unos cinco metros de diámetro, además, poseía una de las características peculiares de los Ovnis; desaparición óptica de su entorno a causa de su aceleración y variación de su color según el nivel de su potencia, rojo, naranja, amarillo, verde, azul, blanco o violeta. A pesar de su sofisticación técnica las naves circulares llamaron muy poco la atención a los políticos de aquella época.

La sociedad Sol Negro vio los resultados obtenidos por la sociedad VRIL y empezó la fabricación de su propia nave circular. A finales de 1938 y habiendo combinado varias tecnologías, entre ellas la de los motores construidos por la sociedad VRIL, fabricaron una nave circular de reducidas dimensiones propulsada por hélices, la «RFZ-4».

En el año 1939 la sociedad Sol Negro ya había construido otra nave circular la «RFZ-5» la primera gran nave espacial de 26 metros de diámetro y 9 metros de altura con el nombre de «Haunebu I». El primer vuelo de esta nave se desarrolló bajo fuertes medidas de seguridad en el mes de agosto de 1939.

En el mes de julio del año 1942 se empezó a hablar de una nave circular de ascensión vertical, propulsada a reacción, y a finales de este mes se hicieron los ensayos prácticos en el mar Báltico. En el primer vuelo de prueba alcanzó una altura de 23.800 metros y en su segunda elevación alcanzó los 24.200 metros.

En el invierno del año 1942 una nueva nave circular atravesó el campo de pruebas de la sociedad VRIL, se la llamó la «VRIL-1». Con un solo tripulante y once metros de diámetro, estaba equipada con dos cañones CMK 108, calibre 300 y dos ametralladoras MG 17. Al mismo tiempo que se estaba probando esta nave, se intentaron hacer contactos sobrenaturales y ya tenían los planos para la construcción de una nave mucho más grande la «VRIL-7».

A finales del año 1942 el departamento de investigación de la «SS» comenzó a trabajar en una versión más sofisticada del «Haunebu I». El «Haunebu II», tenía 31 metros de diámetro y 11 de altura. Su velocidad en vuelo tenía que ser de 6.000 kilómetros hora dentro de la atmósfera terrestre y se creía que podría viajar por el espacio exterior. La «SS» aun tenía planes mucho más atrevidos, había diseñando una nave la «Haunebu III» de 120 metros de diámetro, e incluso diseñaron una estación espacial gigante a la cual llamaron «Máquina Andrómeda» su peso era de 100 toneladas, y aparentemente, el peso no creaba problema para ponerla en órbita.

Los días 3 y 4 de Enero de 1944 Adolf Hitler se reunió con los miembros de la sociedad VRIL para abordar este gran proyecto, el lanzamiento de una enorme nave espacial a través de un canal dimensional, un espacio franco a la velocidad de la luz hacia el Universo.

El ingeniero Andreas Epp que fue diseñador de platillos volantes para la «SS» dijo:

Havermound estudió mis planos y en una primera fase construyó platillos volantes. —Juan Ferrer, España.

Diferentes creencias sobre apariciones de «dioses» o extraterrestres

Para el ocultista René Guenon, que ha escrito mucho sobre esta cuestión, el «Rey del Mundo» actuaría como mediador entre las fuerzas divinas, los extraterrestres para muchos, y los hombres.

La Teosofía, por ejemplo, fundada en New York por Helena P. Blavatsky, entiende que hay cuatro Dueños del Mundo y que estos son venusinos. Su santuario aéreo estaría ubicado en oposición al reino subterráneo de Agartha.

Este lugar mítico se extiende desde el polo Ártico hasta el Antártico en una tela de conductos subterráneos por todos los continentes. Sus habitantes según su ideólogo, Robert Erns Dickhoff, son descendientes de extraterrestres que llegaron a la tierra hace 80.000 años.

Esta coincidencia argumental: ¿supone que existe una presencia invisible que influye en la humanidad a través de las doctrinas que hace miles de años legaron a los sacerdotes antiguos?

Esos «amos del mundo» son, en opinión del escritor Galo Robert Charroux, de origen extraterrestre y llegaron a convertirse en los primeros reyes de las grandes dinastías.

Un relieve hallado en Guatemala puede ayudar a corroborarlo. Se trata de un nativo adorando a un ser que llega del espacio. La entidad está frente al disco solar, tapándolo parcialmente, lo que le identifica no como un cuerpo celeste, sino como algo animado y próximo a tomar tierra.

Prometeo, Oannes, Kukulkán, Viracocha o Quetzacoált revelaron sus secretos. Tienen como signo la rosa y la cruz, en correspondencia con la sociedad secreta que lleva este nombre y de la que un libro de Valentín Andrade cuenta que fue fundada por un tal Christian Rosenkreuz, que trajo sus estrellas conocimientos de Oriente.

El pueblo de las estrellas

Uno de los relatos más curiosos es, sin embargo, el del etnólogo británico Karyl Robin-Evans, quien en un notable informe publicado en el *Joumal of Comparative Ethnology* dio a conocer una singular tribu del Tíbet. Se trata del pueblo de los Dzopa —hoy exterminados— que declaraban con vehemencia que habían venido de las estrellas y que esperaban que sus hermanos del cielo vinieran a buscarles. Los Dzopa custodiaban una serie de extraños objetos en forma de disco y sabían muchas artes extrañas. Comerciaban con sus habilidades médicas y con metales a cambio de comida y lecciones de agricultura.

Prohibición de Dios de consultar las estrellas

No sea que alces tus ojos al cielo, y viendo el sol y la luna y las estrellas, y todo el ejército del cielo, seas impulsado, y te inclines a ellos y les sirvas; porque Jehová tu Dios los ha concedido a todos los pueblos debajo de todos los cielos. Pero a vosotros Jehová os tomó, y os ha sacado del horno de hierro, de Egipto, para que seáis el pueblo de su heredad como en este día.
Deuteronomio 4:19-20

Dios prohibió a su pueblo escogido adorar a los astros, así como creer que ellos tienen influencia sobre nosotros o consultarlos.

Ni siquiera querer conocer el futuro a través de las estrellas.

Te has fatigado en tus muchos consejos. Comparezcan ahora y te defiendan los contempladores de los cielos, los que observan las estrellas, los que cuentan los meses, para pronosticar lo que vendrá sobre ti. He aquí que serán como tamo; fuego los quemará, no salvarán sus vidas del poder de la llama. Isaías 47:13

También podemos observar que Jehová llama a su ejército angelical, como el ejército de las «estrellas».

Desde los cielos pelearon las estrellas; desde sus órbitas pelearon contra Sísara. Jueces 5:20

Uno de los textos más claros que se refiere a esto lo vemos en Job.

> *¿Cuando alababan todas las estrellas del alba, y se regocijaban todos los hijos de Dios?* Job 38:7

Aquí vemos una similitud entre los ángeles «hijos de Dios» y las «estrellas de la mañana» que lo alaban, no se está refiriendo a las estrellas como astros brillantes sino como criaturas vivas. ¿Acaso el querubín que se rebeló no era también como la estrella de la mañana?

> *Tú que decías en tu corazón: Subiré al cielo; en lo alto, junto a las estrellas de Dios, levantaré mi trono, y en el monte del testimonio me sentaré, a los lados del norte.* Isaías 14:13

La Biblia nos habla de que Satanás está gobernando desde la atmósfera celestial, y que recorre la faz de la tierra, pongamos atención en algo bien especifico.

> *Un día vinieron a presentarse delante de Jehová los hijos de Dios, entre los cuales vino también Satanás.* Job 1:6

Aquí notamos que vinieron a presentarse nuevamente la «los hijos de Dios». Sabemos que la palabra ángeles en hebreo significa *Bene Elohim* que traducido es «hijos de Dios», y que todos los ángeles fueron creados por Dios *Elohim*.

Vemos una similitud con estos seres llamados «hijos de Dios» que se presentaban delante de YHVH (SEÑOR) y Satanás iba con ellos.

El plural *B'nai Elohim* era «dioses», ellos eran los «hijos del Dios» Elohim, administradores de la creación de Dios, antes de su rebelión.

No podemos pensar en estos «dioses», *B'nai Elohim*, igual a Dios, *Elohim*, porque ellos son simplemente seres creados, intentando usurpar la gloria que solamente Dios mismo merece.

Ahora vemos que Cristo fue y es cabeza de todo principado y potestad es decir, de todo lo creado.

> *[Cristo] … que es la cabeza de todo principado y potestad.* Colosenses 2:10

Dios está por encima de todos los «dioses»

Hemos visto y estudiado dioses de todas clases en los textos de historia.

Aun aquellos llamados «dioses» que los podemos oír muy comúnmente, no solo por la enseñanza de la Nueva Era, sino por algunos teólogos que llaman a la raza regenerada por Cristo «dioses».

> *Mas Jehová es el Dios verdadero; él es Dios vivo y Rey eterno; a su ira tiembla la tierra, y las naciones no pueden sufrir su indignación. Les diréis así: Los dioses que no hicieron los cielos ni la tierra, desaparezcan de la tierra y de debajo de los cielos.* Jeremías 10:10-11

La palabra «dioses» en Arameo es *elahh,* que significa deidades paganas.

Aquí vemos que detrás de cada dios «pagano» o «gentil» según define la palabra, se movía una autoridad espiritual, un ángel caído con gran jerarquía que instigaba a los humanos a la idolatría y al paganismo, prohibido por Dios para los hijos de Israel.

> *Porque todos los dioses de los pueblos son ídolos; pero Jehová hizo los cielos.* Salmo 96:5

La palabra *ídolo* significa: imagen, sin valor, dios falso, sin valor alguno. Eso nos hace pensar que las imágenes aun de los diferentes dioses que impregnan a las diferentes religiones de todo el mundo, son espíritus engañadores falsos, sin valor y sin la esencia de la verdad, que aquel que es cabeza, es decir que está sobre todo ídolo, dios, principado, gobernador de las huestes espirituales en las regiones del cielo y aun el propio Beelzebú, príncipe de los demonios no tiene «valor» delante del poder del Todopoderoso **Señor de los ejércitos, Dios de los escuadrones de Israel.**

Y cuando nos estamos refiriendo a imágenes también nos referimos a las imágenes de los ángeles en forma de fotos, impresa en papel, estatuas, óleo, pintura y escultura de piedra o de loza. Aunque usted diga: «Yo no los adoro».

> *Terrible será Jehová contra ellos, porque destruirá a todos los dioses de la tierra.* Sofonías 2:11

Tenemos que entender algo; estos ídolos hechos manualmente, no tienen ningún poder. Ni las estatuas, estatuillas, figuras sobre lienzo, figuras de barro, de loza, de piedra, figuras de madera, pinturas, leones, elefantes para la buena suerte, pirámides, cruces, rectángulos, pentagrama, estrellas de cinco puntas y mucho más.

Como vimos en la definición de los ídolos eso no tiene fuerza ni poder, lo que se mueve detrás de todo esto son los poderes de estos «dioses» que son ángeles caídos con un rango específico que engañan y seducen la mente de millones de seres humanos.

> *La altivez del hombre será abatida, y la soberbia de los hombres será humillada; y solo Jehová será exaltado en aquel día. Y quitará totalmente los ídolos.* Isaías 2:17-18

La profecía dice claramente que en la gran tribulación cuando el Hijo del Hombre se manifieste quitará totalmente los ídolos. Se va a cumplir en el futuro el triunfo del verdadero y eterno Señor Jesucristo.

¡Nuevamente vienen!

También sabemos que la causa de este movimiento es la preparación del hombre de iniquidad llamado Anticristo.

La Biblia dice que en la gran tribulación de los tiempos del fin estarán llegando a su culminación, oficialmente, cuando Israel firme un tratado con el emperador que se levante del gobierno de Europa, unificándose para establecer el III templo judío en Jerusalén. Para poder restablecer en Israel el antiguo ritual del sacrificio.

> *Y por otra semana confirmará el pacto con muchos; a la mitad de la semana hará cesar el sacrificio y la ofrenda. Después con la muchedumbre de las abominaciones vendrá el desolador, hasta que venga la consumación, y lo que está determinado se derrame sobre el desolador.* Daniel 9:27

El hombre que firme este tratado con Israel será aceptado y creído por muchos como el Mesías Prometido.

Este anticristo se describe detalladamente en la Sagradas Escrituras. Haremos un análisis desde una perspectiva bíblica y luego tú sacarás tus propias conjeturas.

Una investigación cuidadosa de los siguientes textos revela **la conexión entre el llamado Anticristo y las apariciones de extraterrestres.**

> *Del Dios de sus padres no hará caso, ni del amor de las mujeres; ni respetará a dios alguno, porque sobre todo se engrandecerá. Mas honrará en su lugar al dios de las fortalezas, dios que sus padres no conocieron.*
> Daniel 11:37-38

Daniel nos habla que el que se levantará haciéndose pasar por el Cristo es decir «el contrarío», dice: del Dios de sus padres Jehová no hará caso.

Es decir «impondrá el deseo de su corazón por encima de todos». «No habrá conexión o relación con ellos (sus antepasados) ni ningún enlace ligado a su corazón».

Ni amará a otro dios, porque él se *magnificará a sí mismo.*

Pero en su lugar él honrará al *dios de las fortalezas*, la palabra hebrea es, *ala ma'ozine.* Es decir, literalmente, un dios no conocido, «gentil» un dios del poder de las riquezas de los gentiles.

También *Baalhazor*, «señor de las fortalezas», establece una conexión directa entre Baal y el dios Anticristo. Baal era señor de la guerra (botín).

Muchos títulos fueron dados a Baal agregando conclusiones a su nombre. Algunos ejemplos los encontramos en las Escrituras como: *Baalbamot,* señor de los lugares altos, ***Baalzebub,*** señor de los que vuelan o revolotean. *Zebub* es un verbo hebreo que significa «revolotear de un lugar a otro».

Baal es identificado como Satán por Jesús mismo

> *Mas los fariseos, al oírlo, decían: Este no echa fuera los demonios sino por Beelzebú, príncipe de los demonios.* Mateo 12:24

Beelzebú es el mismo dios que adoraban los filisteos, calificado como «príncipe de los espíritus de los demonios de maldad». También como «señor de la casa».

Vemos entonces que el anticristo honrará a Satán llamándolo Baal «señor de fortalezas de los lugares altos» «señor de los que vuelan rápidamente» en los lugares altos. «Príncipe de la potencia de los aires» y ¿porque no decir?: **«Príncipe de los ovni (UFOs) que vuelan por los aires».**

Increíblemente, la Biblia nos explica dónde reside Satán actualmente, y lo conecta con las fuerzas en la atmósfera.

El Apóstol Pablo nos dice:

> *Porque no tenemos lucha contra sangre y carne, sino contra principados, contra potestades, contra los gobernadores de las tinieblas de este siglo, contra huestes espirituales de maldad en las regiones celestes.* Efesios 6:12

Los que conocemos a Jesucristo hemos entendido que nuestra lucha o batalla no es con lo humano, luchamos directamente con los principados y potestades, es decir, aquí se refiere a varios principados o príncipes que tienen a cargo súbditos que le obedecen.

Como hemos visto, los fariseos creían que Jesús echaba los demonios en nombre del príncipe de los demonios (Beelzebú). Este es uno de los tantos principados. Pero vemos que literalmente dice que están «en los cielos» en los «lugares altos».

> *En los cuales anduvisteis en otro tiempo, siguiendo la corriente de este mundo, conforme al príncipe de la potestad del aire, el espíritu que ahora opera en los hijos de desobediencia.* Efesios 2:2

Conforme «al príncipe de la potestad» (o el que tiene el poder) del aire, denota atmósfera o cielo.

La confederación de «ángeles rebeldes» está asentada en el cielo atmosférico, llamado también, estratósfera.

Originalmente la palabra demonio en griego significa «cualquier deidad», mientras que la Biblia nos habla constantemente de un solo Dios.

Hay tres términos principales para definir la palabra demonio en el Nuevo Testamento: *daimonion* (demonio: que figura en más de 110 textos en la Biblia); *pneuma* (espíritu: unas 52 veces) generalmente con un adjetivo calificativo tal como *akatharton* (sucio: 21 veces) o *poneron* (mal: 8 veces); y *angelos* (7 veces, agencias demoníacas) *Daimon* (demonio) el término usado comúnmente en griego clásico, aparece solamente una vez en Marcos 8:31.

Veamos lo que dice Eric Stetson en su comentario *Profecía sobre los ángeles o los demonios*.

Los seres avanzados, el *b'nai Elohim* o los hijos de Dios continúan engañando a la humanidad. Aunque la Biblia en sí misma dice de hecho que los hijos de Dios genético, manipulan a seres humanos, no son los creadores de la raza humana sino simplemente los seres que pervierten la creación de Dios.

Satán y sus principales gobernadores angelicales rebeldes están derribando la creación torciendo la verdad, en su tentativa «sean como el más alto, como dioses».

El hecho de que el mismo profeta Elías participará en los primeros tres años y medio de la gran tribulación como uno de los testigos nombrados en Apocalipsis 11, demuestra la naturaleza profética del desafío histórico entre Baal y Jehová en 1 Reyes 18, en el tiempo final. Satán falsificará el milagro del fuego que baja del cielo para persuadir a la gente que vive en el mundo, persuadiendo que el anticristo es «el dios» (Apocalipsis 13:13) con la ayuda de la «serpiente voladora» (Isaías 14:29).

Mucha de la actividad acerca de UFO en el ámbito público ha sido diseñado por los seres que fingen ser «extraterrestres» para transportar una agenda aparentemente benigna. Los rastros visibles del UFO ocurrieron en el advenimiento de nuestra edad atómica. Otros rastros ocurrieron en las bases de la fuerza aérea con capacidades nucleares en los años 70 en los cuales todo el control de las armas fue perdido, y la trayectoria fue reprogramada. Este encuentro fue efectuado para mostrar que los «no humanos» estaban en control de tales armas de destrucción. Concebible, teniendo tales capacidades, si fueran a destruir seres humanos o la toma de posesión de la tierra, lo habrían hecho ya fingiendo una aversión hacia la dominación, los extraterrestres están promoviendo una agenda aparentemente pacífica dentro del nuevo paradigma viaje dificultoso «La edad del globalismo estelar».

Cuando estos seres que ahora fingen ser extranjeros se manifiesten dentro de nuestra propia cultura, demandarán que la Biblia es simplemente una tentativa primitiva documentando sus propias interacciones con los seres humanos. Mientras estos aparecen en la Biblia, la Escritura hace una distinción clara entre el Dios Creador y Redentor, a saber Jesús Cristo y esos seres engañosos que demandarán ser dioses creativos. Estos seres son los ángeles, arrastres del querubín rebelde designado Baal, Satán, la serpiente y el diablo.

En este capítulo queremos hacer un llamado al lector a cuidar su mente cada día ya que hay un ataque frontal para caer en error. El espíritu de confusión querrá tomar la mente de los débiles y de todos aquellos que nunca han conocido a Jesucristo en plenitud.

Mas la verdad central y única es: Jesucristo, solo él y nadie más que él, es la cabeza de todo principado y de todo lo creado a él oiremos y obedeceremos.

Capítulo 8

De querubín protector a un ángel caído

Vino a mi palabra de Jehová, diciendo: Hijo de hombre, di al príncipe de Tiro: Así ha dicho Jehová el Señor: Por cuanto se enalteció tu corazón, y dijiste: Yo soy un dios, en el trono de Dios estoy sentado en medio de los mares (siendo tú hombre y no Dios), y has puesto tu corazón como corazón de Dios. Ezequiel 28:1-3

Rey de Tiro

Solo unos párrafos en el texto sagrado revelan acerca del «querubín protector» (Satán) antes de la creación de la tierra, y antes de su caída.

Muchos eruditos están de acuerdo con que, tanto el capítulo 28 del profeta Ezequiel como el capítulo 14 del profeta Isaías, algunos textos se refieren a él.

Cuando en la palabra profética de Ezequiel 28, se habla acerca del «príncipe» de Tiro, se está refiriendo al principado o potestad del aire, que ejerce gran influencia sobre el rey de Tiro como hombre. Aunque la profecía los nombra a los dos, el rey gobernante estaba bajo una influencia total del principado de los aires.

En Ezequiel, en ese capítulo, a partir del versículo 12 se conecta la profecía y trae un claro reflejo del «querubín protector» antes de su caída.

En estos textos se nota, la conexión espiritual que existe entre el «príncipe de la tinieblas» que se mueve influenciando en lo aires, con el rey de Tiro gobernador físico en la tierra, el espíritu de rebelión y el ángel caído.

Eso nos revela que aunque la profecía se refiere a una persona específica, en este caso al rey de Tiro, por sus hechos y por la forma de actuar, representa también a los que han actuado de ese mismo modo en diferentes épocas y tiempos. Es decir, se reflejan las actitudes del querubín protector en el ser humano.

La caída del rey de Tiro refleja la caída del «querubín protector», así como la caída de cualquier individuo que tiene influencia sobre las masas, y su orgullo ha crecido a tal punto que se considera a sí mismo dios *(estoy sentado en medio de mares)*.

La palabra «Príncipe» tiene que ver con todas las expresiones que se refieren a los principados que se mueven en el mundo espiritual en las regiones celeste. También las escrituras se refieren a los príncipes gobernadores que ejercen autoridad sobre las naciones. Es una palabra que expresa liderazgo y gobierno, así como reglas y capitaneo.

> *Sin embargo, hablamos sabiduría entre los que han alcanzado madurez; y sabiduría, no de este siglo, ni de los príncipes de este siglo, que perecen.* 1 Corintios 2:6

Jesús se refirió a su enemigo, al «príncipe de este mundo». *El que no es conmigo, contra mí es; y el que conmigo no recoge, desparrama.* Todo aquel gobernador influenciado por el príncipe de este mundo se constituye enemigo de Dios, porque su mente está regida por la rebelión.

> *Ahora es el juicio de este mundo; ahora el príncipe de este mundo será echado fuera.* Juan 12:31

En este texto nos demuestra una vez más la misma temática que consideramos, lo cual se menciona como «el príncipe de este mundo», de este planeta llamado «tierra». Príncipe o gobernador de las tinieblas, ejerciendo su influencia de rebelión y desobediencia sobre toda la humanidad, lo cual constituye el asiento o las bases de su autoridad.

Riqueza, fama, y poder

El rey de Tiro, era una encarnación del espíritu de orgullo y autosuficiencia, dentro de su poderío político en toda esa región, influenciado por el principado. Su vasta influencia estaba en el Mediterráneo y todas las costas con sus ciudades.

Este probablemente se llamaba Itobaal II, aunque su nombre no se da a conocer en la profecía, el hecho a destacar era su actitud, más que el revelar su nombre. Esa actitud sería semejante a la imagen futura del anticristo y su espíritu similar al «ángel caído».

Su nombre Itobaal II, implica una conexión cercana con Baal, dios de los fenicios.

La expresión «soy un dios sentado», es decir, gobernando sobre los mares, era una realidad, y su imperio era muy temido por su poderío en las naves. (Los mares en la Biblia siempre han significado las muchedumbres de seres humanos). El rey de Tiro al dominar los mares se enriquece de forma exuberante con oro y plata.

> *Bien que Tiro se edificó fortaleza, y amontonó plata como polvo, y oro como lodo de las calles.* Zacarías 9:3

Eran tantas las riquezas que este rey había acumulado por el comercio, que su esplendor se reflejaba, tanto en su pomposa ciudad, como en su persona, vistiéndose de púrpura y toda clase de piedras preciosas. Todo este esplendor y poder hicieron que naciera en su corazón la idea de creerse dios. *«Haz puesto tu corazón como corazón de Dios»*.

La riqueza le acentuó su orgullo, ese fue su grave pecado. Dios es el único que está sentado sobre su trono con derecho de ejercer autoridad y poder, y él le da al que él quiere. Siempre el espíritu de soberbia y orgullo quiso tomar el lugar de Dios y creer tener dominio absoluto y poder gobernar sobre las masas humanas.

Una de las cosas que Dios nunca pasará por alto, es que alguien tome su lugar o quiera ponerse a su misma altura.

Si Dios es Dios, y si sus hijos o criaturas son creación de él, nunca llegarán a ser Dios. Solo él es Dios. Por eso no permitió ni permitirá que ni rey ni ángel, ni hombre, usurpe su gloria que solo a él le pertenece y se merece, porque El Elyon (el Altísimo), es Dios.

El rey de Babilonia usa este mismo lenguaje, esto se ve en Isaías 14:4-6 donde dice:

Pronunciarás este proverbio contra el rey de Babilonia, y dirás: ¡Cómo paró el opresor, cómo acabó la ciudad codiciosa de oro! Quebrantó Jehová el báculo de los impíos, el cetro de los señores; el que hería a los pueblos con furor, con llaga permanente, el que se enseñoreaba de las naciones con ira, y las perseguía con crueldad.

¿Cómo acabó la ciudad codiciosa de oro? Siendo una cueva de chacales, y le fue profetizado que nunca más sería edificada.

Una misma actitud, conducta y propósito

Tú que decías en tu corazón: Subiré al cielo; en lo alto, junto a las estrellas de Dios, levantaré mi trono, y en el monte del testimonio me sentaré, a los lados del norte; sobre las alturas de las nubes subiré, y seré semejante al Altísimo. Isaías 14:13

Este es uno de los pasajes que describen la actitud del «querubín protector» antes de su caída. El querer poner su trono junto con el que «es mas alto». ¡Es imposible! Solo Dios es *El Elyon*. (Así será la realización de Satanás engendrada en los grandes líderes políticos, culminando en el anticristo.) El tomar una posición como dios, por las riquezas y por el poder, inicia la codicia.

En estos textos vemos a Satanás expresándose en su sentir más profundo, tanto en la persona del rey de Tiro, como en su conducta atribuyéndose honores divinos.

Tanto el «príncipe de Tiro» (el principado de las tinieblas), como el gobernador físico «el rey», tenían una mente y un solo pensamiento, como si el humano estuviera controlado totalmente por el espíritu.

Pero también vemos que de la misma manera que este príncipe reinaba sobre los mares, el «querubín protector», reinaba como virrey en el monte santo de Dios.

La gran torre de Babel nos recuerda cómo se unieron una mente y un solo pensamiento para «llegar al cielo» con sus propósitos. Esto también nos recuerda al Salmo 2:2 cuando dice: *Se levantarán los reyes de la tierra, y príncipes* ***consultarán unidos*** *contra Jehová y contra su ungido.*

Cuando oímos hablar de globalización, unidad política, religiosa, y económica, nos recordamos de estos mismos términos. Esto solo puede salir de una sola mente; de aquella que quiso subir más alto, y tuvo que ser derribado hasta lo más bajo.

> *Hijo de hombre, levanta endechas sobre el rey de Tiro, y dile: Así ha dicho Jehová el Señor: Tú eras el sello de la perfección, lleno de sabiduría, y acabado de hermosura.* Ezequiel 28:12

Es imposible concebir que algo sellado, es decir, un acabado perfecto en hermosura, pueda degenerarse y convertirse en devastación y desorden. Aunque esta hermosura influenció en parte para que su arrogancia creciera, fueron muchos los factores que intervinieron para convertirse en algo «horrible» o algo «espantoso». *El Seol abajo se espantó de ti.* Isaías 14:9

Aunque esta profecía se refiere al rey de Babilonia, su caída nos muestra el fin de los soberbios y arrogantes que han gobernado con injusticia la tierra que Dios les otorgó.

Otro factor que ratificó su caída fue su sabiduría extremada. Recuerda que estamos hablando de las causas o principios que lo influenciaron para llegar a convertirse en el «misterio de iniquidad».

Salomón fue un ejemplo del desvío del bien hacia el mal. Quizás, el exceso de fama, riqueza y poder, hizo que hiciera todo lo que quería en sus propios designios y no en los de su Creador. Corrió la carrera de su propio impulso natural, su propio sentido común.

> *La reina de Sabá confesó deslumbrada: he aquí que ni aun la mitad de la grandeza de tu sabiduría me había sido dicha; porque tú superas la fama que yo había oído.* 2 Crónicas 9:6

De ningún modo podemos comparar a Salomón con Satanás, pero dice la palabra: «*Se enalteció tu corazón, a causa de tu hermosura*».

Esa maldad se formó dentro de su inteligencia, por muchos factores: su belleza, su capacidad, su esplendor. Siendo un gran conocedor y emprendedor, fue a raíz de todo esto que su orgullo lo llevó a querer ocupar el mismo lugar, la misma gloria y honor de aquel que lo había creado.

Vemos en Salomón que la fama, riqueza, hermosura y poder, lo hizo poseer todo lo que su corazón anhelaba. Su desobediencia a los estatutos divinos logró que sus muchas mujeres paganas, reinas y sacerdotisas, todas ellas (siendo él ya viejo), le inclinaran su corazón hacia dioses ajenos al Dios de Israel.

> *Y su corazón no era perfecto con Jehová su Dios.* 1 Reyes 11:4

Satanás sabe muy bien que el exceso de riquezas, traen fama y poder. Él sabe bien que todo esto puede ser una puerta abierta para hacer caer al hombre a donde él cayó.

> *Con tu sabiduría y con tu prudencia has acumulado riquezas, y has adquirido oro y plata en tus tesoros. Con la grandeza de tu sabiduría en tus contrataciones has multiplicado tus riquezas; y a causa de tus riquezas se ha enaltecido tu corazón.* Ezequiel 28:4-5

Aquí se ve claramente el ascenso progresivo que produce el corazón enaltecido. Por eso el juicio se hace inminente, *por tanto, he aquí yo traigo sobre ti extranjeros, los fuertes de las naciones, que desenvainarán sus espadas contra la hermosura de tu sabiduría, y mancharán tu esplendor.*

Piedras preciosas de protección

El rey de Tiro tenía tantas riquezas a través de su mercadeo, que esto le dio la posibilidad de poseer muchas y variadas piedras preciosas de valor incalculable. Por esta razón podía cubrirse con joyas exuberantes por encima de su manto real, costumbre de los monarcas orientales.

El querubín fue puesto por Dios en el santo monte, y se paseaba en medio de las piedras de fuego. Las piedras preciosas representan en Dios su belleza, gloria y esplendor.

En el Antiguo Testamento el Sumo Sacerdote tenía en su pectoral doce de estas piedras preciosas, las llevaba en su pecho, y representaba las doce tribus de Israel.

El querubín protector tuvo la oportunidad de tener nueve de ellas. *...En Edén, en el huerto de Dios estuviste; de toda piedra preciosa era tu vestidura; de cornerina, topacio, jaspe, crisolito, berilo y ónice; de zafiro, carbunclo, esmeralda y oro; los primores de tus tamboriles y flautas estuvieron preparados para ti en el día de tu creación.*

El anticristo será blasfemo y arrogante, tal como el rey de Tiro. Querrá ocupar el lugar de Dios, y oficiar el sacerdocio en el templo de Dios, pero no tendrá la plenitud del pectoral, ni lo podrá realizar, porque solo Cristo fue y es nuestro único sacerdote perfecto.

Satanás el gran comerciante y traficante

El rey de Tiro, comerciaba con todas las naciones de su época, al dominar los mares con sus naves, logró gran riqueza y poder. Se dice que de Tarsis, comerciaba toda clase de riquezas, con plata, hierro, estaño y plomo, así como el comercio de sus ferias.

De Javán, Tubal y Mesec, comerciaba hombres y utensilios de bronce. De la casa de Torgarma, caballos y corceles de guerra, mulos y variedades del mercado.

De Damasco, comerciaba vino y lana blanca, de Dan hierro labrado, mirra destilada y caña aromática. De Arabia, corderos y machos cabríos, de Saba, piedras preciosas y oro. Además de estos, mantos bordados de azul.

Negociaba cajas de ropas preciosas, enlazadas con cordones, y en maderas de cedro.

De Delán, traficaban y se llevaban de Tarsis colmillos de marfil y ébano.

De Edom se llevaba, perlas, púrpura, vestidos bordados, lino fino, corales y rubíes.

De Judá se llevaba, trigo, miel, aceite y resina.

Todo esto nos muestra la gran riqueza que tenía Tiro y su poderío económico, por la habilidad y estrategia de su rey. Por eso miremos detalladamente Ezequiel 28:16 comparándolo ahora con el ángel protector (parafraseado específicamente sacado del original), dice así:

> *Por la multitud de tus contrataciones fuiste lleno de iniquidad, y pecaste; por lo que yo te eché del monte de Dios, y te arrojé de entre las piedras del fuego, oh querubín protector.* Ezequiel 28:16

Se debe destacar que esto es muy similar a lo que estamos viviendo en pleno siglo XXI. Las grandes naciones están comercializando con las otras y hay un gran mercado mundial. Satanás el «gran comerciante» y «traficante» de todos los siglos ha llenado el corazón de los hombres con violencia, odio y muerte.

El ambiente del mundo entero esta convulsionado, muchos de los medios de comunicación influenciados y asesorados por las conspiraciones de Satanás, se deleitan en notificar cada día, más y más inmoralidad, rebelión y devastación en todos los niveles de la vida de los humanos.

El tráfico de drogas y armamento es lo que más vidas ha estado cobrando en los últimos años. Satanás la principal mente comerciante ha enseñado al hombre, la competitividad y el egoísmo, enseñoreándose de él hasta la saciedad.

¿Cuántos como el rey de Tiro acabaron y otros terminarán así?, ¿ha entrado este mercadeo también dentro de las grandes religiones? Recordemos que la gran babilonia es presentada como un gran comercio, «*en el cual los reyes han fornicado con ella y los mercaderes se han enriquecido con la potencia de sus deleites*». ¿Ha meditado alguna vez en esto?

Espanto serás

«*Perfecto eras en todos tus caminos, desde el día que fuiste creado hasta que se halló en ti maldad*». Cuando se detectó en él la maldad, fue arrojado del cielo a la tierra. *Profanaste tu santuario; yo pues (Dios) saqué fuego de en medio de ti, el cual te consumió.*

El infierno fue el lugar que Dios preparó para Satanás y para sus ángeles. Un día será atado y no podrá ejercer su poder. Mientras tanto sigue engañando a la humanidad detrás de la cortina de la oscuridad, sigue engañando al mundo entero.

El castigo para el rey de Tiro llegó, la profecía anunciaba que moriría en medio de los mares y como incircunciso, muerto en manos de extranjero. Es decir, no tendría una sepultura que honraría su memoria, y llegaría a ser espanto cubierto de gusanos como cualquier otro, al lugar de la sepultura. Dejaría de ser para siempre. Sin reconocimiento por toda la eternidad y lejos de la presencia de Dios. También dice como ceniza, es decir reducido a polvo, sin gloria y sin valor.

Atributos del «querubín protector»

Tú eras el sello de la perfección

Lleno de sabiduría

Acabado de hermosura (plenitud)

Grande

Protector

En el Santo monte de Dios te paseabas

En medio de la piedras de fuego

Perfecto eras hasta que se halló en ti maldad

De toda piedra preciosa era tu vestidura.

Consecuencia de su caída

Se enalteció tu corazón a causa de tu hermosura

Corrompiste tu sabiduría a causa de tu esplendor

Profanaste tu santuario

Por la multiplicidad de tus comercios fuiste lleno de tiranía

De querubín protector a «ángel caído»

Hoy por hoy Satanás es un poderoso adversario de la raza humana, porque ahora es un ángel caído que conoce muy bien cómo emplear sus planes y estrategias para engañar, él sabe las debilidades humanas. Dado que él fue querubín protector, en la corte celestial.

El fue un ser creado por *el Dios Adonai* (Señor), el único Dios creador *El Elhoim*, nos dice así el texto sagrado: *... los primores de tus tamboriles y flautas estuvieron preparados para ti en el día de tu creación.* Ezequiel 28:13

Tuvo más pompa su creación que la creación del hombre. Fue algo especial y hermoso, la alegría tenía que estar presente.

Por eso podemos notar cuan importante es la música, ella alcanza una vibración tan especial que penetra hasta el alma y el espíritu. Satanás conoce muy bien eso, muchos creen y asocian este festín celestial con el día de su nacimiento y creen que el querubín fue director de música por un tiempo en la sinfónica celestial, es decir era «experto en esta materia».

Debemos destacar que le debía y le debe gustar la música, ya que desde el principio de su existencia estuvo presente. No tengo la menor duda que posea una influencia especial en ella.

Como hemos leído desde el principio de este capítulo la palabra «protector» se refiere a una unción, como ungüento que cubre, me estoy refiriendo a su descripción, de «querubín protector». Esta palabra proviene de cubrir, y eso es lo que hace el ungüento, cubre. Ahora no me estoy refiriendo a la unción del aceite de Dios, me estoy refiriendo a la unción satánica. Tenemos que reconocer que muchas veces cae. Tenemos un ejemplo en muchos conciertos de «Rock pesado», ya que los miles de asistentes quedan envueltos bajo un encantamiento, y muchas veces posesionados o influenciados satánicamente por los hechizos que lanza la melodía de la música.

Hay una influencia que cautiva totalmente la mente, no solo por la letra que trae, sino también por la influencia, por la forma repetitiva de mensajes obscenos y por la melodía que brujos y brujas han escrito, confeccionando en ella sus encantamientos.

No solo en conciertos lo podemos ver, sino también a través de casetes, CD, películas, donde se ha utilizado la magia y la hechicería, todo eso lleva la mente humana a cautividad. Otro ejemplo de esto lo tenemos en los mensajes subliminales.

Muchos serán escépticos a esto, y es porque no conocen cómo se mueve la influencia satánica en el mundo espiritual y cómo son influenciados los cinco sentidos del ser humano.

No estamos hablando de materia, estamos hablando de un querubín lleno de sabiduría acabado en perfección, que se mueve ahora bajo una sabiduría «satánica» superior a la mente humana. Quizás usted no se ha percatado de cómo la serpiente cautiva al ratoncito dejándolo estático e inmóvil ante su mirada, pero créalo; queda paralizado hasta que la serpiente se acerca lentamente y se lo engulla de un solo bocado.

La caída del sello de perfección

Este ser, fue creado perfecto y hermoso, es más, se compara como el «sello de perfección». *«Perfecto eras»*. Esto nos ejemplifica su posición de perfección e inteligencia. Quizás fue esa «perfección» la que hizo que se sintiera casi igual a su Creador. Ese día fue, cuando se halló en él la maldad.

Las Sagradas Escrituras no especifican el tiempo que pasó entre su creación y el día en que se encontró en él la maldad (el orgullo). Pero sí sabemos que todo esto sucedió antes de la creación del hombre.

Su hermosura, sabiduría y esplendor, hizo que en él naciera su arrogancia, de allí surgió la caída. Esta es la causa del nuevo nombre «ángel caído» porque Dios Jehová (el Señor) lo quita de su posición bajándolo del «monte Santo de Dios». Y arroja abajo a la tierra. *«Yo veía a Satanás caer del cielo como un rayo»*. Lucas 10:18

No nos olvidemos que aunque estaba en el monte de Dios, el Dios *Sahadai*, siempre permaneció más alto porque es el Dios poderoso, por eso siempre existe sobre una mayor altura. Siempre estará por encima de sus criaturas. Por eso vemos el mensaje del ángel Gabriel a María. Dios **se revela** a ella como «El Altísimo» *El Elyon* «El más alto». Revelado en el Antiguo Testamento. Esta profecía angelical cae sobre Jesús en el día de su concepción. *Este será grande, y será llamado Hijo del Altísimo; y el Señor Dios le dará el trono de David su padre*. Jesús es llamado «Hijo del Altísimo» por el anuncio del ángel.

Por esa razón Dios no comparte su gloria con nadie, porque solo a él le pertenece toda la gloria y todo el poder. Porque él es Dios, que permanece en sí mismo, es el único Altísimo, nadie más, ni los ángeles ni los querubines ni hombre alguno, están a su nivel.

Si bien «el querubín protector» habitaba en el santo monte de Dios, hemos visto que quiso subir más alto todavía. Esta expresión nos da a entender que no se refería a un lugar geográfico en la inmensidad de Dios porque él recorría todos los lugares de la extensión de Dios.

Si estaba en el monte alto de Dios, estaba en lo «más alto». Es digno de destacar, que quiso ir no en posición física sino por encima de la autoridad y de la grandeza de Dios. No le bastó estar en su santo monte sino que quiso superar a Dios y ser dios.

Su nombre anterior era Lucifer. Su morada original era la luz, de ahí su nombre. Era Lucero de la mañana, o *«hijo de la mañana»,* Isaías 14:12, iluminaba y prendía la luz de Dios sobre los firmamentos establecidos.

Algunas teorías afirman que era responsable de prender el fuego en las extensiones de Dios antes de la creación, ya que se paseaba sobre las piedras de fuego o planetas para algunos eruditos. Por lo que disfrutaba de una relación especial y cercana con el Dios Creador.

Su posición era estratégica, ya que estaba en el santo monte de Dios, estratégico, porque era uno de los querubines con más privilegio, también recorría la inmensidad del firmamento de Dios con mucha facilidad.

Mucho tiempo después, Dios crea la gran galaxia donde uno de sus planetas es la tierra.

Luz y oscuridad, tinieblas y verdad

Este «ángel de luz» se convirtió en «ángel de tinieblas» de ahí la expresión el misterio de iniquidad. Al ser arrojado a la tierra, esta se convirtió en desorden y «estaba vacía» es decir, sin la presencia de Dios.

La tinieblas, el desierto y el desorden en el sentido espiritual, nos hablan de vacío y de lugar no habitado, algo que existe donde Dios no está presente.

Aunque Dios habita en la oscuridad, dice el salmista él no es Dios de tinieblas.

Entonces dijo Salomón: Jehová ha dicho que él habitaría en la oscuridad. 2 Crónicas 6:1

La oscuridad no es lo mismo que las tinieblas, pareciera que hubiera contradicción en Dios ¿verdad? Pues no es así: *Nubes y oscuridad alrededor de él; justicia y juicio son el cimiento de su trono. Fuego irá delante de él, y abrasará a sus enemigos alrededor.* Salmo 97: 2-3

Cuando Salomón dijo que JHVH habitaría en la oscuridad se refería a la presencia de Dios habitando en el arca del pacto, en el tabernáculo y luego en el templo. La presencia de Dios descendería y moraría en medio de su pueblo. Esta estaría detrás del velo en el lugar santísimo, donde no habría lámpara que alumbrara, sino oscuridad. Nadie podría ver a Dios y quedarse de pie delante de su presencia, sino que moriría.

Príncipe acusador

La Biblia nos habla de que Satanás está gobernando en los cielos, y junto a él todos sus demonios. Cuando la Biblia se refiere a que Satanás fue arrojado del cielo, no se refiere al cielo donde vemos el cielo azul que es el universo, Satanás fue arrojado del tercer cielo donde es la morada de Dios.

Actualmente tiene acceso al aire, es decir a la atmósfera de la tierra, y a la tierra misma y debajo de la tierra, donde salen sus subordinados para recorrerla. Pero sí puede entrar al cielo de Dios, a la presencia de Dios, porque dice las Escrituras que acusa de día y de noche a los escogidos de Dios. Un día vinieron a presentarse delante de Jehová los hijos de Dios, entre los cuales vino también Satanás. Job 1:6. Aquí notamos que vinieron a presentarse «los hijos de Dios» delante de JHVH, apareciendo también Satanás junto con ellos. Pero pronto vendrá el juicio y será echado fuera el acusador.

Entonces oí una gran voz en el cielo, que decía: Ahora ha venido la salvación, el poder, y el reino de nuestro Dios, y la autoridad de su Cristo; porque ha sido lanzado fuera el acusador de nuestros hermanos, el que los acusaba delante de nuestro Dios día y noche.

Escondido entre las sombras de las tinieblas

Esta es su plataforma, el texto sagrado nos dice que la «iniquidad» es el nacimiento de toda maldad y el engendro mismo de las tinieblas. Desde ese entonces ha tenido la habilidad de imitar a Dios y aparecerse como «ángel de luz». Satanás actúa atacando al hombre de incógnito detrás de las escenas. Él actúa haciendo su trabajo de generación en generación bajo una máscara de modalidad, costumbre de la época, folclore, carnaval, tradiciones conocidas también como «fiestas tradicionales».

Filtrándose y confundiéndose entre las sombras del pasado y en lo que parece ser real o «moderno». Con aspectos religiosos y culturales ha introducido sus estrategias sutiles y engañosas, a través de las costumbres y las razas. Acentuándose sobre las razas indígenas donde han mantenido sus ritos y danzas invocando a los espíritus de los antepasados por siglos, y poco han sido los cambios de sus costumbres, en tantos años.

Solo el evangelio de Jesucristo pueda traer cambios a los pueblos. Jesús mismo dijo: *Yo soy la luz del mundo y sin mi nada podéis hacer*.

Satanás, por lo tanto, se beneficia enormemente de la ignorancia, incluso uno de sus grandes logros es hacer creer a la gente que él no existe.

Por eso dice que él cegó el entendimiento de los incrédulos en 2 de Corintios 4:4: *En los cuales el dios de este siglo cegó el entendimiento de los incrédulos, para que no les resplandezca la luz del evangelio de la gloria de Cristo, el cual es la imagen de Dios.*

Teoría acerca de los celos de Lucifer con relación a Adán y Eva

Existe una teoría en que Lucifer, al compararse con Adán, se sintió perturbado por verse desplazado de su posición central a un segundo lugar.

Aunque cronológicamente, Adán y Eva, aparecen al final de todo el proceso creativo, Lucifer pronto llegó a descubrir y comprender que ellos eran la obra suprema de Dios, así como su imagen más completa, y que como hijos recibirían su amor total y una vez alcanzada su perfección serían los herederos y señores de todo lo creado, juntamente con Cristo, incluyendo por lo tanto a los ángeles.

Lucifer particularmente envidiaba el hecho de que Adán y Eva, además de tener un cuerpo espiritual como los ángeles, poseyeran también un cuerpo físico con capacidad de procrear y tener influencia y dominio sobre la tierra a dónde él había sido arrojado

Lucifer como ángel caído ahora, estaba envidioso de la posición y el amor que Adán y Eva recibían de Dios y celoso del amor que luego consumarían una vez que recibieran la bendición de Dios en matrimonio.

Poco a poco fue desarrollando envidia, celos y resentimiento por esta nueva situación. En el Corán se menciona sobre este sentimiento cuando el ángel dice: *«¿Por qué tengo que servirles? ellos son de tierra mientras que yo soy de fuego»* (Corán. Sura VII, 11).

Los celos son una respuesta natural. Es algo similar a lo que siente el primer hijo cuando un nuevo bebé aparece en la familia acaparando toda la atención de los padres. Sin embargo, los celos pueden ser destructivos dependiendo de cómo reaccionamos o actuamos ante ellos.

Pero aparte de esta antigua teoría, la Biblia nos hace referencia a que Dios quiso hacer criatura a su imagen para darle el libre albedrío, dejándoles el poder de elegir y servirle a voluntad.

Quiso Dios hacer el hombre, aparte de los seres angelicales, para que le amara incondicionalmente y deseara estar a su lado por amor, decidiendo por sí solo. *Y creó Dios al hombre a su imagen, a imagen de Dios lo creó; varón y hembra los creó.*

Por eso formó a Adán del polvo de la tierra y le hizo un hermoso huerto lleno de árboles y espesa vegetación y lo puso allí para que se deleitara, porque Dios quería tener comunión con el hombre. Pero sabemos que Adán no estaba solo, en la tierra estaba también Luzbel el que había estado en alto rango pero ahora se había convertido en diablo.

Los eslabones satánicos: serpiente, pecado, muerte.

Pero la serpiente era astuta, más que todos los animales del campo que Jehová Dios había hecho. Génesis 3:l.

En el Edén vemos a una «serpiente astuta» pero en el Apocalipsis el apóstol Juan la describe como «serpiente antigua».

Y fue lanzado fuera el gran dragón, la serpiente antigua, que se llama ***diablo y Satanás****, el cual engaña al mundo entero; fue arrojado a la tierra, y sus ángeles fueron arrojados con él.* Apocalipsis 12:9

En el Edén se manifestó la serpiente astuta como el diablo, que significa, calumnia, difamación, acusación, mientras que Satanás es adversario y enemigo. Vemos que se unieron los significados, cada vez más maldad.

También le llama «el gran dragón». Al final de los tiempos en el período de la gran tribulación se manifestará a plenitud esta trinidad Satánica:

El gran dragón que es el diablo y Satanás.
La bestia que será el anticristo
Y el falso profeta.

La iniquidad se une en varios nombres como: asesino, ladrón, malo, príncipe de este siglo, acusador de los hermanos, engañador, padre de mentira, príncipe de las potestades en los aires, dios de este siglo.

Eva es engañada y seducida por la serpiente astuta, ella come de la fruta del árbol prohibido. La serpiente inyectó su veneno mortal, que es su naturaleza maligna, en la carne de Eva. A través de la vía de la sabiduría que había en el fruto, el dualismo, la ciencia del bien y del mal. En ella entra el pecado y por el pecado la muerte. Su primer hijo Caín recibe la simiente pecaminosa, que se manifiesta en odio y asesinato.

No como Caín, que era del maligno y mató a su hermano. 1 Juan 3:12

Satanás es padre de mentira y es homicida desde el principio. Esta semilla de pecado y muerte pasa a toda la raza humana. La maldición cae sobre la serpiente: Maldita serás… *y pondré enemistad entre tu simiente y la simiente de la mujer, ésta te herirá en la cabeza.*

Cristo era la simiente de la mujer, él le daría el golpe mortal a la cabeza de la serpiente, mientras que la serpiente heriría el calcañal de Cristo, que es su humanidad. Por medio de su muerte *y despojando a los principados y a las potestades, los exhibió públicamente, triunfando sobre ellos en la cruz.*

Así libró a todos los que tuvieran el veneno del pecado y el temor de la muerte, a la que estaban sujetos. Todo aquel que cree en Jesucristo no tiene temor de la muerte eterna porque Cristo lo hizo libre de la esclavitud, porque como está escrito:

> *El que practica el pecado es del diablo; porque el diablo peca desde el principio. Para esto apareció el Hijo de Dios, para deshacer las obras del diablo.*

Jesús mismo dio una explicación relevante acerca de su obra en la cruz y la serpiente. En Juan 3:14 se nos dice:

> *Y como Moisés levantó la serpiente en el desierto, así es necesario que el Hijo del Hombre sea levantado, para que todo aquel que en él cree, no se pierda, mas tenga vida eterna.*

Este relato se encuentra en Números 21:4-9 y dice que cuando los hijos de Israel pecaron contra Dios, fueron mordidos por serpientes ardientes. Cuando Moisés ora a favor del pueblo, recibe una orden:

> *Hazte una serpiente ardiente, y ponla sobre un asta; y cualquiera que fuere mordido y mirare a ella, vivirá.*

La serpiente levantada por Moisés no tenía veneno mortal porque era de bronce, pero su representación visual era una serpiente.

Cristo Jesús se estaba comparando con aquella serpiente de bronce que Moisés levantó para parar la plaga del pueblo de Israel. Pablo nos dice que Dios envió a su hijo en «semejanza de carne de pecado».

Es decir, la carne de pecado es la serpiente. Cristo se hizo pecado, por eso fue levantado como aquella serpiente en una cruz. Esta fue alzada para que todos aquellos que miraran a él fueran libres de la mordedura mortal de Satanás, que es el pecado, y fueran libres de la condenación, teniendo vida eterna.

Jesús se hizo carne, es decir, tomó la forma humana que estaba contaminada con la picadura de la serpiente. Siendo el Verbo sin pecado se hizo despreciable al morir en la cruz, es decir, tomó la forma de la serpiente de bronce, aunque estaba sin pecado así se hizo pecado.

> *Porque lo que era imposible para la ley, por cuanto era débil por la carne, Dios, enviando a su Hijo en semejanza de carne de pecado y a causa del pecado, condenó al pecado en la carne.* Romanos 8:3

Con su muerte destruyó al que tenía el imperio de la muerte, esto es al diablo. Jesús como serpiente de bronce levantado sin veneno (pecado), porque fue concebido sin pecado, no por simiente de hombre sino de Dios, murió para juzgar la carne de pecado y para destruir y pisar la cabeza de la serpiente.

También murió como el Cordero de Dios, para redimir y quitar el pecado del género humano. Por eso él es el segundo Adán.

Como descendientes de Eva (madre de toda la raza humana) llevamos dentro de nosotros el veneno (pecado) de la serpiente antigua

Adán, le falló a su Dios Creador, pero ahora sería diferente. De la simiente de la mujer se levantaba el segundo Adán perfecto y santo. Dios no proveyó un Salvador para los ángeles que no guardaron su dignidad, pero sí proveyó un Salvador para la raza caída, para los descendientes de Eva; Cristo el Salvador. Porque clamarán a Jehová a causa de sus opresores, y él les enviará un salvador y príncipe que los libre.

Jesucristo es el verdadero Príncipe de Paz, Salvador, el verdadero Libertador que manifestó libertad a los cautivos. Él es el Príncipe de los que sirven en su reino de Luz. Y cuando aparezca el Príncipe de los pastores, vosotros recibiréis la corona incorruptible de gloria.

El imperio de Egipto poseía a los hijos de Dios como esclavos, Dios mandó a Moisés a liberarlos con «una vara» de pastor de ovejas. Lo primero que se encuentra frente a Faraón es la prueba del poder de los dioses. Ellos sacaron a dos serpientes del desierto sumamente venenosas. Si Moisés hubiera sido un farsante, ellas mismas lo acabarían. La vara que Moisés llevaba en su mano era sencilla, pero al tirarla al suelo se convirtió en serpiente devoradora. La serpiente de Moisés se comió a las serpientes del reino del Faraón.

Cristo el buen pastor que representa «la vara». Él es el que, aunque humilde y despreciado, murió y dio su vida por las ovejas. En la cruz representó la serpiente de bronce venciendo para siempre a la «serpiente antigua».

> *Anulando el acta de los decretos que había contra nosotros, que nos era contraria, quitándola de en medio y clavándola en la cruz, y despojando a los principados y a las potestades, los exhibió públicamente, triunfando sobre ellos en la cruz.* Colosenses 2:14

Fin para el «ángel caído»

Apocalipsis nos revela el fin de Satanás y sus ángeles, así como la caída de su imperio tenebroso, que ha levantado por siglos en el planeta tierra.

Después del lapso de la dispensación de la Gracia en el cual el Espíritu de Dios toma actividad específica y clara sobre la tierra, vemos en las profecías del apóstol Juan en el libro del Apocalipsis, que se menciona una gran acción angelical puesta otra vez en escena.

Estos acontecimientos ocurrirán pronto, y sobrevendrán en el momento que Dios lo ha determinado porque estamos en el tiempo del aceleramiento por el Espíritu. La Biblia nos da referencia que ya está actuando sobre el mundo el espíritu de iniquidad. Desde allí se distribuye la maldad, la oscuridad espiritual, la mentira, el pecado y la muerte.

> *Y todo espíritu que no confiesa que Jesucristo ha venido en carne, no es de Dios; y este es el espíritu del anticristo, el cual vosotros habéis oído que viene, y que ahora ya está en el mundo.* 1 Juan 4:3

Las profecías de Apocalipsis nos revelan que la guerra espiritual continuará hasta que los reinos del mundo vengan a ser de nuestro Señor y de su Cristo amado y él reinará por los siglos de los siglos.

Después hubo una gran batalla en el cielo: Miguel y sus ángeles luchaban contra el dragón; y luchaban el dragón y sus ángeles; pero no prevalecieron, ni se halló ya lugar para ellos en el cielo. Y fue lanzado fuera el gran dragón, la serpiente antigua, que se llama diablo y Satanás, el cual engaña al mundo entero; fue arrojado a la tierra, y sus ángeles fueron arrojados con él. Apocalipsis 12:7-9

Pronto los últimos siete años serán de gran tribulación. Satanás se manifestará en la tierra con todo su furor, dándole poder a la «Bestia», su agente en la tierra, así como al falso profeta. Cuando todas estas cosas acontezcan al final del período de los siete años, Cristo descenderá a la tierra con todas sus huestes celestiales montado en un caballo blanco. Los enemigos de los santos serán vencidos por el resplandor de su boca, el falso profeta y la bestia: *Estos fueron lanzados vivos adentro de un lago con fuego que arde con azufre.*

Vi a un ángel que descendía del cielo, con la llave del abismo, y una gran cadena en la mano. Y prendió al dragón, la serpiente antigua, que es el diablo y Satanás, y lo ató por mil años; y lo arrojó al abismo, y lo encerró, y puso su sello sobre él, para que no engañase más a las naciones, hasta que fuesen cumplidos mil años; y después de esto debe ser desatado por un poco de tiempo. Cuando los mil años se cumplan Satanás será suelto de la prisión, y volverá a engañar a las naciones, pero Dios enviará fuego del cielo que consumirá a todos los que venían a pelear contra Dios y su santa ciudad.

Y el diablo que los engañaba fue lanzado en el lago de fuego y azufre, donde estaban la bestia y el falso profeta; y serán atormentados día y noche por los siglos de los siglos. Apocalipsis. 20:10

Yo Jesús he enviado mi ángel para daros testimonio de estas cosas en las iglesias. Yo soy la raíz y el linaje de David, la estrella resplandeciente de la mañana. Apocalipsis 22:16

Capítulo 9

La influencia angelical en los tiempos proféticos

A Daniel, el profeta de las visiones y la revelación de lo venidero, se le dio una visión clara y una detallada explicación, gracias a la visita angelical. Tanto a Daniel, como al apóstol Juan en la Isla de Patmos se les identifica por las revelaciones similares que tuvieron con respeto a las profecías del tiempo postrero y el fin de los siglos, añadiendo a las visiones una manifestación relevante de presencias angelicales.

A partir del capítulo diez del libro de Daniel, vemos en la declaración de los mensajes enviados por el ángel al profeta, las funciones y la influencia del mundo espiritual sobre los líderes que dominaban las naciones en esa época, así como su extensión al futuro, conectándose paralelamente sin contradicción alguna con las visiones y revelaciones que también Juan tuvo en su ancianidad. Por lo tanto, en todo el capítulo, vemos la actividad espiritual de los ángeles de alto rango y los príncipes de los aires que operan bajo las órdenes de Satanás.

Estos últimos, influenciaban en la política de aquellos tiempos y a la vez, batallaban en los aires contra la intervención de los ángeles celestiales que estaban bajo el servicio y orden de Dios. La lucha se acrecentaba para imponer en los aires la voluntad suprema y sublime del Creador. Estos ángeles, tanto unos como los otros, eran de gran jerarquía.

Los príncipes y los gobernadores de las tinieblas en los aires fueron contra atacados por jerarquías de su mismo rango; como los príncipes de las huestes de JHVH.

En esta espectacular batalla vemos al príncipe Miguel. Este fue y es un príncipe poderoso que ha estado siempre al cuidado de parte del pueblo de Dios.

En aquel tiempo se levantará Miguel, el gran príncipe que está de parte de los hijos de tu pueblo. Daniel 12:1.

Batalla política en los aires

Esta lucha siempre se ha producido cuando ha habido grandes cambios en los reinos del mundo.

Generalmente, le anteceden guerras, primero en los aires, o sea, en el mundo espiritual e invisible, y luego se manifiestan en la tierra; en otras palabras en el mundo natural y visible, trayendo grandes influencias de cambios drásticos en las naciones.

Estos principados de alto rango son los espíritus que ejercen gran influencian sobre los líderes o cabezas presidenciales de las naciones, estableciendo dominio y control en muchos de ellos, ejerciendo de esta manera autoridad sobre las naciones designadas.

La lucha que Daniel estaba experimentando en los aires, nos da a entender que estaba produciéndose una guerra espiritual de una gran proporción, esta duró tres semanas. Durante este tiempo el profeta estaba en oración y ayuno parcial buscando el rostro de Dios.

Él estaba estableciendo una actitud de arrepentimiento por los pecados de sus antepasados, aquellos que siendo líderes de su pueblo, Israel, quebrantaron las leyes de Dios, permitiendo así, a través del pecado, que cayeran maldiciones sobre el pueblo escogido por Dios.

Esta posición de arrepentimiento era sumamente primordial para esperar una verdadera intervención en la soberanía del Todopoderoso y único Dios.

Durante este lapso de tiempo, el príncipe de Persia impedía en los aires que el ángel que traía al profeta la revelación llegara a Daniel y recibiera el mensaje de Dios. Algo podemos destacar aquí, y es la perseverancia y fidelidad de un hombre de Dios que estaba dispuesto a recibir el auténtico y verdadero mensaje de Dios, aunque eso le llevara a esperar durante tres semanas en ayuno y oración.

Este príncipe que se oponía constantemente era un demonio del reino de Satanás, pero este fue derrotado cuando Miguel, el príncipe de Israel, intervino para ayudar al ángel mensajero. Esto nos indica que siempre lo que procede de Dios prevalece y vence todo lo que proviene de las tinieblas.

También destacamos que el ángel mensajero, no es un ángel guerrero, ni pelea contra el príncipe de Persia. Su categoría era de mensajero, solo pide ayuda y el ángel guerrero que tiene ese rango, y está encargado de eso, viene y pelea y gana la batalla.

Después de estos veintiún días de búsqueda, se le aparece, literalmente un poderoso ángel para explicarle a Daniel tanto lo que había sucedido en el mundo espiritual como lo que sucedería en el futuro.

Esto nos demuestra sin lugar a dudas, que siempre que existan hombres y mujeres dispuestos a esperar y recibir el verdadero mensaje de Dios, se producirán batallas espirituales, recuerda que la respuesta vino inmediatamente cuando Daniel se dispuso a presentarse ante Dios, pero las fuerzas de las tinieblas intentaron demorar la respuesta.

¿Cuantos creyentes de verdad se han dado cuenta que cuando se disponen a orar, siempre de alguna manera el enemigo intentará estorbar, confundir o desanimar?

Sin embargo, el llamado es perseverar en la oración. A pesar de la lucha espiritual, Dios intervendrá sobrenaturalmente, porque él responde siempre a los fieles que esperan en su voluntad.

Gabriel el ángel mensajero

Al profeta Daniel se le aparece literalmente un ángel. En los capítulos anteriores se da a conocer su nombre, se trata de Gabriel.

Y oí una voz de hombre entre las riberas del Ulai, que gritó y dijo: Gabriel, enseña a éste la visión. Daniel 8:16

Aún estaba hablando en oración, cuando el varón Gabriel, a quien había visto en la visión al principio, volando con presteza, vino a mí como a la hora del sacrificio de la tarde. Daniel 9: 21

El profeta lo describe tal como lo ve **«un varón»,** literalmente «un ser masculino». Esta Escritura se puede comparar con Génesis, donde dice que el hombre fue creado a imagen y semejanza de Dios, su Creador.

En forma varonil, varón y hembra los creó. El varón es hecho a imagen de Dios es decir imagen «varonil», así los ángeles. La mujer, Eva, es sacada del hombre. Esto nos muestra que si bien los ángeles no se reproducen, si se ha distinguido siempre su aspecto, totalmente «varonil».

De ahí que descartamos la idea errónea, tomada de pinturas o estatuas de ángeles en forma de mujer, así como ángeles en formas de bebés.

Queremos dejar bien claro que en las Sagradas Escrituras todas las manifestaciones registradas de visitaciones angelicales han sido en forma de «varón» y jóvenes, con gran resplandor y hermosura.

Mientras que por otra parte cuando se nombra en las profecías el anciano de días, se refiere a Dios Padre, que es de eternidad a eternidad, con el significado de madurez y experiencia infinita, reflejada en la cabellera blanca.

La impresionante descripción angelical

De acuerdo al texto mencionado, se le ordena a Gabriel que descienda y le haga entender la «visión» al profeta Daniel.

Y me hizo entender, y habló conmigo, diciendo: Daniel, ahora he salido para darte sabiduría y entendimiento. Al principio de tus ruegos fue dada la orden, y yo he venido para enseñártela, porque tú eres muy amado. Entiende, pues, la orden, y entiende la visión. Daniel 9:22-23

Lo primero que el profeta distingue en el «varón» son sus **vestiduras de lino**. Esta clase de tela era la que utilizaban los sacerdotes para ministrar delante de Dios en el templo. Era símbolo de santidad ya que se consideraba más puro que la blanca lana.

Y bordarás una túnica de lino, y harás una mitra de lino; harás también un cinto de obra de recamador.

...Y con ellos vestirás a Aarón tu hermano, y a sus hijos con él; y los ungirás, y los consagrarás y santificarás, para que sean mis sacerdotes.

Y les harás calzoncillos de lino para cubrir su desnudez; serán desde los lomos hasta los muslos. Éxodo 28: 39-41,42

No solo era vestidura sacerdotal el lino, sino como hemos visto vestidura de los ángeles.

Y del templo salieron los siete ángeles que tenían las siete plagas, vestidos de lino limpio y resplandeciente, y ceñidos alrededor del pecho con cintos de oro. Apocalipsis 15:6

Estas vestiduras también eran para los profetas.

Así me dijo Jehová: Ve y cómprate un cinto de lino, y cíñelo sobre tus lomos, y no lo metas en agua. Jeremías 13:1

La Iglesia será vestida en el cielo, de la misma tela que usan los ángeles, lino fino como vestidura de traje de novia.

Gocémonos y alegrémonos y démosle gloria; porque han llegado las bodas del Cordero, y su esposa se ha preparado. Y a ella se le ha concedido que se vista de lino fino, limpio y resplandeciente; porque el lino fino es las acciones justas de los santos. Apocalipsis 19:7-8

Vemos que el ángel Gabriel tiene una faja entretejida de oro en su cintura. El oro significa la calidad de realeza y autoridad divina que le es delegada y otorgada por Dios mismo. Su cuerpo era como de «berilo». Literalmente *Tarshish* en España. El berilo era idéntico al crisolito o topaz que fue importada del este de *Tarshish* llevando su mismo nombre.

Su rostro parecía un relámpago. Esta expresión la vemos en las diferentes manifestaciones de la gloria de Dios, que parecía un relámpago. También dice que la segunda venida de Cristo será como un relámpago y ella viene acompañada de gloria sin fin.

En el capítulo «Querubines y la gloria de Dios», vimos que los querubines se convertían en relámpagos de gran velocidad. Ellos formaban parte importante del gran conjunto de excelencia de la manifestación de la gloria de Dios. Esto denota el resplandor y la gloria divina que rodean la figura del ángel Gabriel.

Sus ojos como antorcha de fuego. Aquí podemos ver la profundidad de su mirada. Se dice que la Palabra profética es como antorcha que alumbra. Juan el Bautista fue una antorcha que alumbró. Observamos en esta expresión que los ángeles son criaturas vivientes en el plano profético. La mirada refleja lo que hay por dentro. Los ángeles reflejan la transparencia de su existencia en Dios mismo, al transmitir a los mortales los planes futuros de Dios.

El sonido de sus palabras como el estruendo de una multitud. La voz de los ángeles es similar a la voz del Cristo glorificado. Es voz de autoridad y majestad. Denota firmeza y verdad. Por eso es comparado al «estruendo de muchas aguas» como cataratas fluyendo, sin parar.

Y su voz como estruendo de muchas aguas. Apocalipsis 1:15

Batalla angelical en los cielos

Muchos eruditos de la Biblia creen que Satanás ha designado para cada nación, un espíritu guía a través de las edades.

El propósito de este espíritu guía o principado es velar porque sus planes se cumplan, influenciando la mente del líder escogido.

Pero sabemos que Dios está por encima de la influencia satánica. Ya que Dios es el Dios de la profecía y él ha trazado el futuro desde antes de la fundación del mundo. Dios asigna a sus ángeles que controlen y batallen en el mundo espiritual para que su plan se cumpla, no el de Satán ya que sus días están contados.

Tenemos que agradecer profundamente a Dios que él utiliza sus ángeles poderosos para detener la furia y el odio del enemigo de la humanidad. Y se asegura que están actuando según su plan general para cada época.

Por eso la oración de la iglesia es un arma poderosa para Dios mover sus ángeles a favor de los redimidos.

Si nuestros ojos fueran abiertos y pudiéramos ver al Espíritu Santo de Dios obrando a través de los siglos a favor de los fieles, quedaríamos maravillados al ver en cada edad; aun en medio de gran persecución, cómo hemos sido guardados de atrocidades mayores.

Esto fue lo que tenía en mente decir cuando el apóstol Pablo menciona: *Y ahora vosotros sabéis lo que lo detiene, a fin de que a su debido tiempo se manifieste. Porque ya está en acción el misterio de la iniquidad; sólo que hay quien al presente lo detiene, hasta que él a su vez sea quitado de en medio.*

Este poder que detiene los planes del enemigo es el glorioso Espíritu Santo que está actuando a través de la Iglesia de Jesucristo.

Batalla por el poder en los cielos

En la experiencia de Daniel vemos a un gran ángel caído de rango «príncipe de Persia» es decir, gobernador espiritual en los aires, de la mayor región territorial existente en aquellos días. Este sale al encuentro del ángel, y se opone, para que llegue con la fortaleza y revelación a Daniel.

Pero la batalla no había terminado, todavía había que pelear con dos principados más que le sucederían al de Persia.

Como sabemos por la historia, todos estos reyes estaban profundamente unidos a la adoración oculta a dioses paganos.

La Biblia nos revela que al adorar a imágenes fuera de Dios, la adoración se convierte en paganismo y adoración a demonios. Supuesta mente, espíritus del mal en las regiones celestes.

Como estos líderes han abierto sus mentes a la influencia satánica, esa puerta abierta ha permitido a Satanás operar en «línea abierta» a favor de sí mismo y de sus maléficos planes.

Estos planes maléficos siempre han sido, **destruir al pueblo de Dios.** Este pueblo lo componen todos los santos fieles escogidos de Dios a través de las edades.

De la misma forma opera en estos tiempos que vivimos.

¿Si siempre ha habido confrontación en los aires, porque en el caso de Daniel, el impedimento era tan tenaz?

A Satanás no le conviene que se les revelen sus planes y sus actuaciones a los seres humanos. Él siempre trabaja en lo oculto y no le es ventajoso el ser descubierto. Esta revelación sería escrita y mantenida por los siglos de los siglos como escritura Sagrada (libro de Daniel). Esto ha permitido a los eruditos estudiosos de la Palabra de Dios entender las profecías y el movimiento activo de las fuerzas satánicas al fin de las edades.

Las palabras del ángel Gabriel fueron: *Pero* ***yo te declararé*** *lo que está escrito en el libro de la verdad; y ninguno me ayuda contra ellos, sino Miguel vuestro príncipe.*

...He venido para hacerte saber lo que ha de venir a tu pueblo en los postreros días; porque la visión es para esos días.

La declaración era para que en los postreros días los escogidos **tuvieran esta revelación**, esto es para nuestros días.

Por eso recalcamos que la insistencia del enemigo para que no llegara Gabriel con la revelación, era porque Satanás conocía que los planes para Persia, Grecia y finalmente Roma, serían semejantes a los planes para el tiempo del fin de las edades.

El funcionamiento es el mismo; los presidentes de muchas naciones, pactan con el ocultismo, quieren tener poderes y son enseñados y puestos en su lugar por la mente controladora de la francmasonería y de los Iluminados porque ellos son los «brujos» o «agentes» de Satanás que él tiene en la tierra y usa para que sus planes en las naciones funcionen.

Hoy estamos posiblemente dentro de los tiempos de la aparición de una nueva era, según el plan de los iluminados, para que el mundo sea globalizado en sus grandes ramas, religiosa, política y social. Ellos junto con la Nueva Era, apoyarán totalmente los planes para confrontar a la iglesia; están de acuerdo que se necesita un Nuevo Orden Mundial para establecer la globalización de las naciones más poderosas económicamente. El camino es allanado, para que el inicuo cuya obra es por medio de Satanás, aparezca en la plataforma del mundo para tomar posesión de las naciones.

El sueño interpretado

En el capítulo 7 de Daniel se relata el sueño que este tuvo acerca de cuatro bestias. Estas bestias representaban los cuatro reinos que vimos anteriormente.

Lo primero que el profeta ve en la visión es que los cuatro vientos del cielo combatían en el gran mar. El gran mar son las muchedumbres de los seres humanos sobre la tierra. Y los cuatro vientos son ángeles que combaten en la tierra para establecer estos reinos.

Se nos da la explicación en el verso 17. *Estas cuatro grandes bestias son cuatro reyes que se levantarán en la tierra.*

Vemos aquí que se identifican los principados y potestades de las tinieblas como bestias. Así también se ven en el Apocalipsis cuando el dragón que sube del mar, es el mismo diablo y Satanás.

Vemos en la simbología bíblica que la serpiente antigua es conocida como el ángel caído, los escorpiones por su veneno mortal a los demonios, y el gran dragón al diablo, en su manifestación del tiempo del fin, dándole poder a la bestia llamada «anticristo».

Los ángeles son los únicos mensajeros portadores de las profecías del libro de Apocalipsis. Después del lapso de la dispensación de la gracia en el cual el Espíritu de Dios toma actividad específica y clara sobre la tierra, vemos en las profecías del Apóstol Juan en el libro de Apocalipsis, que se menciona una gran acción angelical puesta otra vez en escena.

> *La revelación de Jesucristo, que Dios le dio, para manifestar a sus siervos las cosas que deben suceder pronto; y la declaró enviándola por medio de su ángel a su siervo Juan.* Apocalipsis 1:1

Esta revelación Apocalíptica viene a través de Jesucristo mismo, enviada por medio de su ángel a su siervo Juan. Este es el verdadero sentido de este mensaje, manifestar a sus siervos las cosas que deben suceder entre la primera y la segunda venida de Cristo.

Estos acontecimientos ocurrirían pronto. Pueden sobrevenir en cualquier momento que Dios así lo determine.

Hay que entender que hay una promesa maravillosa para aquellos que han vencido, no solo obtener una vestidura blanca y la seguridad de que sus nombres no se borrarán del libro de la vida, sino además, tener el gran privilegio de que el mismo Señor Jesucristo confiese sus nombres delante del Padre y **de sus ángeles.**

> *El que venciere será vestido de vestiduras blancas; y no borraré su nombre del libro de la vida, y confesaré su nombre delante de mi Padre, y delante de sus ángeles.* Apocalipsis 3:5

¿Se ha preguntado alguna vez por qué es tan importante que Dios confiese nuestras buenas actitudes y nuestro buen testimonio delante de los ángeles? Creo que los ángeles son testigos oculares diariamente de nuestros actos, y al Dios dar testimonio de los santos, delante de ellos, es como dar testimonio al mismo cielo y al Padre que habita allí perpetuamente, que son dignos porque le han vencido por el testimonio y la sangre del cordero. Es como la gran balanza que nos muestra la fe y las obras. No puede haber obras si no hay fe, y no hay fe si no se ven las obras.

La guerra continúa en los cielos

Las profecías de Apocalipsis nos revelan que la guerra espiritual continuará hasta que los reinos del mundo vengan a ser de nuestro Señor y él reinará por los siglos de los siglos.

> *Después hubo una gran batalla en el cielo: Miguel y sus ángeles luchaban contra el dragón; y luchaban el dragón y sus ángeles; pero no prevalecieron, ni se halló ya lugar para ellos en el cielo. Y fue lanzado fuera el gran dragón, la serpiente antigua, que se llama diablo y Satanás, el cual engaña al mundo entero; fue arrojado a la tierra, y sus ángeles fueron arrojados con él. Entonces oí una gran voz en el cielo, que decía: Ahora ha venido la salvación, el poder, y el reino de nuestro Dios, y la autoridad de su Cristo; porque ha sido lanzado fuera el acusador de nuestros hermanos, el que los acusaba delante de nuestro Dios día y noche.*
>
> *Y ellos le han vencido por medio de la sangre del Cordero y de la palabra del testimonio de ellos, y menospreciaron sus vidas hasta la muerte.* Apocalipsis 12:7-11

En estos textos podemos notar una intensa actividad angelical concerniente a la guerra espiritual. La gran batalla entre las huestes del cielo y las fuerzas demoníacas, que trae como resultado el que Satanás sea lanzado y echado de los aires a la tierra. Aquí se resalta las armas espirituales utilizadas por los fieles creyentes y cómo estos vencen las fuerzas de las tinieblas y al mismo diablo, por medio de la sangre del Cordero y de la palabra del testimonio de ellos.

Los ángeles fueron los medios utilizados por Dios, para producir esta victoria, la cual se ve reforzada por medio de la oración de los fieles.

Aquí se vuelve a repetir lo que hemos compartido con relación al pasaje de Daniel 10, es la intervención y participación directa del príncipe Miguel en la batalla espiritual. Esta victoria se otorga a los fieles a través de la batalla espiritual en los aires. También es el resultado del ayuno y oración, tanto del profeta Daniel, como de los santos redimidos que oran y velan de día y de noche.

> *Yo Jesús he enviado mi ángel para daros testimonio de estas cosas en las iglesias. Yo soy la raíz y el linaje de David, la estrella resplandeciente de la mañana.* Apocalipsis 22: 16

Podemos notar por medio de estos últimos textos del capítulo 22 del libro de Apocalipsis, que el testimonio de Dios fue enviado por medio de su ángel al apóstol Juan, desde el principio de la visión hasta el fin de ella.

Esto determina por lo tanto que los ángeles de Dios, siempre estarán dispuestos a comunicar todo aquello verdadero y genuino que sale de la boca de Dios, a sus siervos fieles.

Siempre han actuado y actuarán como mensajeros para establecer la voluntad de Dios y su soberanía divina sobre el cielo y la tierra.

Qué importante es saber que las últimas palabras que encontramos en la Biblia, contienen la gran promesa del Señor Jesucristo: *Ciertamente vengo en breve*, esta gloriosa esperanza es anunciada por los ángeles, pronunciada por los apóstoles y confirmada por última vez por el mismo Señor.

Yo Juan soy el que oyó y vio estas cosas. Y después que las hube oído y visto, me postré para adorar a los pies del ángel que me mostraba estas cosas. Pero él me dijo: Mira, no lo hagas; porque yo soy consiervo tuyo, de tus hermanos los profetas, y de los que guardan las palabras de este libro. Adora a Dios. Apocalipsis 22:8-9

Al contemplar esta escena es bueno recordar como una solemne advertencia final dada por el ángel al apóstol Juan, que el verdadero propósito de la misión angelical es: ¡Adora a Dios! Nada nos puede distraer del verdadero propósito. Jesucristo es el único digno de adoración. Los ángeles son seres maravillosos que ayudan y están a favor del clamor del pueblo de Dios. Pero solo él se merece nuestra adoración.

Puse un altar de ángeles y velas en mi casa (Octubre - 2000).

Dejé a mi querida familia y mi país, Colombia, para venir a vivir a Miami. Aunque desde pequeña fui muy sensible a las cosas espirituales, en mi interior yo quería saber cómo era Dios verdaderamente. Yo creía que él estaba en cada ser humano, pero, a la vez, pensaba que él era superior a nosotros. Presentía que era más allá de lo que la mente humana puede imaginar. Me decía: «Dios debe existir, debe ser diferente a uno mismo».

Cuando fui niña tuve muchos ataques espirituales que en ese momento no comprendía. Luego, de adolescente, comencé a leer libros de la muy conocida escritora Cony Méndez que trataba sobre el poder de la mente. También leía la tabla de wuija. Un día estaba como jugando cualquier juego y me contestaba cosas que yo, por curiosidad, le preguntaba, y de repente, al tocarla a través de mi mano, sentía una corriente eléctrica que entraba en todo mi cuerpo.

Al pasar el tiempo estando una vez en mi trabajo llegó una señora que me habló sobre el tema de los ángeles. A mí me fascinaba todo lo referente a ese tema, quizás por creer que era algo relacionado con Dios, todavía no lo conocía, pero, siempre dentro de mi ser ansiaba encontrarlo, aunque mi vida estaba hundida en un profundo pozo de desesperación interior.

Sin yo saberlo esa persona que hablaba muy bonito de los ángeles, pertenecía a la Nueva Era.

Esa señora me dijo que se podía comunicar con los ángeles ya que ellos le hablaban personalmente, además, podía escribir en un cuaderno los mensajes que ellos le indicaban y que los ángeles continuamente se le aparecían y le hablaban.

Me invitó para asistir a una reunión para aprender a comunicarnos y sentirlos «vas a sentir la presencia de los ángeles, ellos se te van a aparecer» me dijo. A mi me pareció una idea fabulosa e intrigante, y le dije que iría. Estaba ansiosa por ver cómo era eso. Esa misma mañana fuimos. Entramos en una casa donde muchas personas más estaban reunidas. En la puerta había unas velas y un incienso, ese incienso estaba continuamente quemándose. Todas las personas que entraban a la casa tenían que pasar por encima de ese incienso y había que hacerlo como en forma de cruz. Todo eso acompañado por una música angelical.

Antes de invocar a los ángeles observé que comenzó a realizar un rito desconocido para mí. Entonces ella nos dijo que necesitábamos un billete de un dólar para hacer ese rito, inmediatamente nos lo dio juntamente con varias piedras de cuarzos de diferentes colores. Entonces enseguida comenzó a hablar que vendría el poder de los ángeles y que nosotros empezaríamos a sentirlos en ese mismo momento. Nos mandó a hacer un círculo y nos dijo: «Cierren los ojos todos, vamos a implorar y a llamar a los ángeles». Empezamos a llamarlos por sus nombres, San Gabriel, San Urías, diferentes nombres, a llamarlos e invocarlos.

Estando reunidos todos, de repente, yo comencé a sentir una cosa impresionante, algo sobrenatural sobre mi cuerpo. Algo me decía dentro de mí que esa presencia extraña no era la presencia de Dios. Eso era una cosa horrible, horrible, horrible. Yo estaba aterrorizada sintiendo eso. Ese poder horrible me tomó el pecho y en ese momento salí disparada por los aires hacia el otro lado de la sala.

No puedo explicar con palabras exactamente qué fue lo que me pasó, pero sé que era como si algo negro y horrible se me hubiera caído encima, era así como la misma muerte. Mi cuerpo estaba helado, esa presencia de oscuridad entró dentro de mí.

Desde ese momento comenzó a estar todo mal en mi vida. Cuando terminamos ese rito, me fui para mi casa. Se nos instruyó que pusiéramos unas imágenes en la casa porque estas serían los ángeles que supuestamente nos protegerían y nos cuidarían.

Yo practicaba cada día un rito que había aprendido hacer.

Este rito de las velas formaba como un altar. Tenía que estar en el medio una piedra de cuarzo que me habían dado. Era la piedra de cuarzo negra llamada «ojo de tigre» (que es muy usada por los santeros). Es una piedra con maldición de muerte, una piedra fría, y siempre a través de ella sentía cosas extrañas en mi cuerpo.

Recuerdo que puse todas esas imágenes en mi apartamento donde vivía sola y prendía muchas velas cada día de varios colores.

Pasado una semana estando dormida en mi apartamento tuve una aparición. Vi un ángel que se me acercaba, era como un hombre fuerte, atractivo y musculoso, su dorso estaba desnudo impresionándome varonilmente, siendo de tamaño más grande de la medida de un hombre. Cuando lo vi se tiró hacia mí, su intención era morbosa, quería violarme.

Esa cosa extraña me tomaba y se acostaba encima de mí. Era algo horrible, como si me hubiera caído un peso encima, algo así como una pesadez, muy extraño. Al rechazarlo en mi mente y no aceptarlo, sentí como si a la vez me quisiera matar.

No podía creer lo que estaba sintiendo en ese momento. Ese espíritu estaba delante de mí, presentía que eso no podía ser un ángel, tenía una fuerza sobrenatural y no respetaba mi voluntad.

Inmediatamente, muy asustada clame dentro de mi interior: «Dios mío ten compasión de mí, ¿qué es lo que me está pasando?».

Aunque en ese momento yo no conocía al Señor Jesucristo como Salvador y libertador, Dios me escuchó y tuvo compasión de mí. Ese espíritu desapareció inmediatamente. Pero a pesar de todo, algo me atormentaba, y mucho mas todavía desde el día que fui a esa reunión para contactarme con los ángeles. Desde ese momento yo nunca volví a ser la misma.

Yo veía cosas raras, sentía cosas espantosas. Nadie me podía entender porque nadie sentía lo que yo sentía. Me acuerdo que esa noche cuando me sucedió eso en la madrugada, recogí todas esas imágenes de ángeles y todas las cosas que tenía en ese altar y las tiré a la basura. Todo menos la piedra «negra», ella tenía que estar conmigo como mi amuleto. Mi vida no volvió a ser la misma porque todos los días me levantaba con más y más pesadez, con pesadillas que me hacían sentir cosas muy feas.

Podía presentir la muerte en todo momento. Cuando me acostaba y me levantaba, era como si algo estuviera encima de mí. Comencé a tener meses de pesadillas, incluso presentía cuando manejaba, que podría tener un accidente. Creo que ese espíritu de muerte me rodeaba constantemente. De noche sentía como que me salía de mi cuerpo y recorría grandes túneles.

En mi incógnita humana no sabía lo que estaba sucediendo, por eso decidí volver a ir a la reunión donde invocaban a los ángeles, para que me explicaran lo que me estaba sucediendo. La señora me dijo que sobre mi vida, había un poder.

Cuando alguien como yo está buscando «supuestamente» la guía y experiencia con los ángeles, jamás se puede imaginar que algo tan horrible le pueda suceder, ya que se experimenta una oscura profundidad espiritual que resulta ser muy terrible.

Aparte de esa mujer, busqué muchas ayudas en diferentes personas y en diferentes lugares, pero nadie me daba razón de lo que me sucedía, además tenía una confusión mental tan grande que no me dejaba salir de ese tormento.

Al contrario esas búsquedas erróneas me hicieron involucrarme más en el ocultismo.

Sí, mi búsqueda para comunicarme con los ángeles estaba terminando con la integración al ocultismo, aunque es algo irracional, pero así sucede. Tenía como una adición, una ansiedad de seguir buscando más. Y todo lo que buscaba era opuesto a Dios, sin saberlo.

Yo pensaba…no creo que Dios me quiera dar eso, ¿cómo los ángeles pueden llegar hacer eso en mí? Toda esta situación me producía más y más presión mental, a tal punto que pensamientos de suicidio comenzaron a atormentarme. Muchas veces en las noches sentía como que me salía del cuerpo. Al lado mío se mantenía siempre un ser de pie.

En mi desesperación llamé a mi madre que vivía en Colombia. Le dije que ya no podía vivir más así en esa condición. Para la gloria de Dios mi mamá hacia dos años que se había convertido y ella me habló palabras de aliento. Hacía unos meses que estaban orando por mí. Ella enseguida me comunicó con sus pastores y me puse en contacto con ellos. Yo le pedí que por favor no me hablara de nada, ni tampoco de Dios. Me sentía reacia a toda conversación espiritual, por todos los traumas y heridas que había recibido. Ella me dijo: «No te preocupes, solo oraremos a Dios por ti ahora, Jesús te ama. Con el teléfono en mi mano, tratando de escuchar la oración, mi mente no podía orar, tenía una mano que me apretaba el cuello y me ahorcaba. Del otro lado de la línea se habían juntado tres hermanas más para apoyar la oración.

Comenzaron aclamar por mí y a pedirle a Jesús que me libertara. De repente una fuerza me tiró contra el suelo y rodé por el pasillo, caí cerca de la cocina y comencé a rodar de lado, luego comencé a vomitar, algo estaba saliendo de mí.

Todavía con mi boca no podía confesar al Señor de todo corazón, pero la liberación en mi vida había comenzado. Doy gracias a Dios que dos meses después una amiga mía me invito para asistir a una Iglesia en Miami. Allí pude ser ministrada con autoridad de Dios y confesar públicamente que aceptaba a Cristo como mi Salvador. Dios me fue liberando progresivamente en forma gloriosa. Hoy puedo testificar que solo el evangelio de Jesucristo liberta a hombres y mujeres de todo engaño y error.

Me deshice de la piedra de cuarzo y rompí todo pacto con las tinieblas, eso era determinante para mi liberación, deshacerme de todo lo que tenía que ver con el pasado. Ahora estoy ayudando a personas que como yo entran en ocultismo buscando las cosas espirituales por caminos errados. Me he dedicado a la lectura de la Biblia y asisto a todos los cultos de oración en mi iglesia. Ahora quiero que mi vida sea un instrumento para bendición de muchas vidas que están en oscuridad como yo estaba. Dios les bendiga. María Victoria.

Los verdaderos ángeles son reales.

> *Y echaron mano a los apóstoles y los pusieron en la cárcel pública. Mas un ángel del Señor, abriendo de noche las puertas de la cárcel y sacándolos, dijo: Id, y puestos en pie en el templo, anunciad al pueblo todas las palabras de esta vida.* Hechos 5:18-20

Creemos en los ángeles reales de Dios y ellos son maravillosos, siempre han traído verdadera protección y cuidado amoroso a los hijos de Dios.

«¡Un muchacho joven experimenta ver ángeles!» (Septiembre-1998)

Mi nombre es Bob Allen, y vengo pastoreando muchos años en San Antonio, Texas. Durante el mes de septiembre de 1998 recibí una llamada telefónica de una querida familia que había pastoreado por 10 años. Siempre hubo entre nosotros una buena relación. Su hijo de 10 años había comenzado repentinamente a experimentar opresión satánica en su vida, incluso a tal punto de ver a dos criaturas ovnis siniestras que lo asus-

Capítulo 10

Testimonios reales

Queremos compartir en este capítulo testimonios, con evidencias reales, de lo que se ha estado tratando anteriormente en este libro. Evidencia de que los verdaderos ángeles de Dios tienen su ministerio glorioso con respeto a los santos redimidos por la sangre de Jesús y evidencias a la vez, que hay un peligro real para todas aquellas personas que por su ignorancia se introducen en el ocultismo por el simple juego de querer experimentar o invocar a los ángeles.

El mundo espiritual es una realidad y no podemos fantasear con él, ni considerarlo superficialmente.

Por tal motivo queremos darte a conocer un testimonio vivo y espeluznante de una bella joven, que como tantas vidas sin conocimiento de la verdad buscando contactar con los ángeles, cayó en las profundidades del ocultismo y de la posesión demoníaca.

El pastor Guillermo y Ana Maldonado de la iglesia «El Rey Jesús» en la ciudad de Miami, han sido los instrumentos de Dios para ayudar a esta joven a encontrar la verdadera salvación en Cristo, el conocimiento de la Palabra de Dios y la liberación total en su vida.

criaturas. Le hemos enseñado a ejercitar su autoridad en Cristo y él lo ha hecho con eficacia. (A propósito, los nombres de esas criaturas eran miedo y pánico.)

Esto ha sido muy especial para mí por otra razón. Mi hijo de 20 años estuvo envuelto en un accidente de automóvil. Él se salvó milagrosamente mientras que los otros no. Los expertos dijeron que era imposible sobrevivir en un accidente como ese. Le estuvimos cuidando por cinco meses hasta su recuperación, sabíamos por la fe que los ángeles estaban presentes en todo momento con él, ejecutando la voluntad del Padre Celestial. Mi fe había sido confirmada. ¡Gloria a nuestro Señor Maravilloso! ¡Gracias Señor por tus ángeles maravillosos, ministros a nuestro servicio! Hebreos 1:14

Pastor Bob Allen, San Antonio, Texas.

«Algunos ven los ángeles en el Servicio de Avivamiento» (Noviembre -1996).

En el último servicio de una serie de reuniones en las cuales habíamos invitado a varios predicadores especiales a nuestra iglesia, eché un vistazo dos veces a mi izquierda durante el tiempo de la adoración, y cada vez que miré vi el traje blanco entero de un ángel cerca del hermano Charles.

Más adelante, durante la ministración en el altar, el pastor invitado oró, y recibí un toque especial del Señor. Mientras estaba tendido en el suelo bajo el poder de Dios, el Señor me ministraba sanidad interior, sobre algunos malentendidos que varios hermanos habían tenido concernientes a mis experiencias angelicales y otras experiencias que había tenido en mi propia vida antes del derramamiento del avivamiento que ahora éramos todos participantes.

Más adelante esa tarde, supe que durante el tiempo de ministración, el hermano Charles, Evelyn, Bob, Jean, Jeannie, Stephanie Johnson y Michele Powell (los intercesores del este de Atlanta) habían visto por lo menos la cara de un ángel en la ventana de nuestro santuario. Un par de pastores vieron el rostro por lo menos de dos ángeles. Algunos hasta hicieron dibujos de las caras que habían visto para confirmar que eran la misma cara que los otros también habían visto.

Yo creo que fue muy significativa para mí esta experiencia porque confirmó lo que había visto. Ellos vieron el rostro y yo había visto el traje resplandeciente. Fue una experiencia única y unánime.

Mark Henderson, Austin / Marble Falls Watchmen, formerly East Atlanta Watchme.

Los ángeles ayudan a los solitarios abandonados

Alejandro Díaz, un hombre de 67 años, residente en Miami, se le detectó cáncer. Había «perdido su fe en Dios cuando los médicos le dijeron que le quedaba menos de un mes de vida».

Una noche Díaz estaba rebuscando dentro del cubo de la basura de un restaurante, cuando, según él «un hombre con una voz suave le dio unas palmaditas en la espalda. Pensó que también sería una persona sin hogar, así que le ofreció la mitad del mendrugo de pan que había sacado de la basura».

«Él sonrió y tomó mi mano» dijo él. «Fue una sensación como ninguna otra, algo así como un calor reconfortante que inundaba todo mi cuerpo. Por primera vez desde hacía años me sentí feliz de estar vivo».

Me saltaron las lágrimas y me sinceré impulsivamente con este desconocido: «¡No quiero morir! ¡por favor, ayúdeme! Nos arrodillamos y oramos entre las cucarachas y la comida podrida. Mi nuevo amigo, naturalmente, era ni más ni menos que Jesús. No me sorprendió en absoluto cuando el médico de la clínica gratuita me dijo que el cáncer había desaparecido».

Díaz dijo que ha conocido a otras personas sin hogar en el sur de la Florida que han tenido experiencias similares. Ahora tiene grupos diarios de oración en la esquina de una calle de Miami.

Hombres como ángeles

«Lo que mejor recuerdo son sus ojos», dijo Tina Forsch de Los Ángeles. Forsch se quedó en la calle con sus tres hijos porque el padre se había ido con otra mujer. «Me encontraba pidiendo en la calle, pedía comida y monedas» dijo, y «estaba tan desesperada que incluso llegué a considerar la idea de vender mi cuerpo. Vi a ese tipo por la calle y me dije: Él no me hará daño. Parece demasiado bueno».

Antes de que pudiera pronunciar una sola palabra, puso su mano sobre mi hombro y dijo: «Tu cuerpo es un templo que Dios te ha dado… si profanas este templo le estás dando la espalda al que cuida de ti y al que puede conducirte a la tierra prometida». Él me sostenía mientras yo lloraba como una niña. Cuando cesaron mis lágrimas sentí que mi alma se había limpiado. Forsch, aceptó un billete de 50 dólares del hombre, antes de que él revelara su identidad. Le instó a que dejara a los niños en un lugar seguro. Forsh, donó ese dinero a una iglesia donde ahora trabaja como ama de llaves.

Jesús como ángel

Sylvia Dennison, que padecía amnesia senil deambulaba por un barrio peligroso de Chicago. Se vio rodeada de varios jóvenes que la iban a atacar, pero fueron ahuyentados por una llamarada y un calor abrasante. Cuando el humo se hubo disipado: «Jesús guió a Sylvia a un albergue».

Ángeles en la congregación Elim en Holanda (países bajos).

Una experiencia verdadera por Tessa de Ruiter

Un domingo a las 8 de la mañana, resultaba ser un servicio muy especial en nuestro templo Elim. Durante el momento de la alabanza y adoración oí voces que cantaban que nunca había oído antes en ninguna iglesia. Las voces se movieron de izquierda a derecha frente a la plataforma y también las oí detrás de mí. Las voces que estaba oyendo eran las más hermosas nunca antes oídas, claras y puras: «Hosanna al Altísimo», cantaban y las voces fueron oídas sobre toda la congregación. Sabía que las voces no provenían de la congregación, ya que las distinguía perfectamente.

El servicio continuó y la predicación terminó, entonces llegó el momento de la invitación al altar, mis ojos estaban puestos continuamente en la plataforma.

En ese momento vi algo que es muy difícil de describir. De un lado de la plataforma estaba parado un ángel. Cerré los ojos rápidamente y pensé: «Señor, esto no puede ser verdadero..., pero una voz dentro de mí dijo: mira una vez más. Al abrir lo ojos lo volvía a ver, todavía estaba allí, hermoso, con el pelo rubio como el oro. Arropado en vestiduras blancas. En sus manos tenían un cuerno de oro grande, lleno de aceite puro. Le pregunté al Señor, qué era lo que él hacía, y su respuesta fue: «Lo he enviado para estar con ustedes en el servicio y para que los unja con mi aceite». Le pregunté que es lo que él estaba esperando y la respuesta fue: «cuando pases al frente y digas a la gente lo que estás viendo, entonces él comenzará a moverse». Tenía que hacer otra pregunta: «Señor, ¿por qué se ha quitado su calzado? La respuesta fue: «Porque Jesús está parado allí y donde él está presente es tierra santa». Fui adelante y tuve la oportunidad de compartir y de pedirle a la gente que pasara adelante, y en la plataforma estaban esos ángeles con aceite celestial, listos para ungir a la congregación para fortaleza y refrigerio. Como resultado muchos vinieron adelante, había gran quebrantamiento y Jesús tocó a todos profundamente, la unción era poderosa. Más tarde al llegar a mi hogar se veía en mí el reflejo de lo que había sucedido en el servicio de la mañana. Aún en la madrugada oía esas voces hermosas que había oído durante el momento de la adoración.

Mi oración es: «Hazlo otra vez, Señor; muchas veces, más y más. Necesitamos en los países bajos la ayuda y el ministerio de sus ángeles». T. J. de Ruiter.

Un ángel me fue enviado para llevarme a salvo en la noche fría de los barrios más bajos de Chicago

Por José A. Zapico

En el año 1974, me sucedió algo sorprendente. Me encontraba en la ciudad de Chicago, donde esa misma noche estaba invitado a predicar la Palabra de Dios en una iglesia. Me vino a buscar un joven a donde yo estaba hospedado, el cual me llevo en su vehículo, supuestamente, a la Iglesia donde debería en esa noche ministrar. Pero no fue así. Él me dejó en una dirección equivocada. Al bajar yo del coche el joven siguió su camino. Al terminar la reunión el pastor de la misma debía llevarme de regreso a mi lugar de hospedaje.

Cuál fue mi sorpresa, cuando de repente, me di cuenta que me había dejado en una iglesia equivocada. Pregunte allí mismo y me indicaron que la dirección correcta estaba a unas cuatro calles de allí. Camine en la forma que me habían indicado, y al llegar al lugar no había ninguna iglesia. Volví a caminar y lo hice en los cuatro sentidos y nada, decidí por fin regresar al lugar donde me había dejado el joven la primera vez, cuando llegué al lugar, la reunión había terminado, y las puertas estaban cerradas, ya todas las personas se habían ido.

Decidí regresar caminando al lugar donde me estaba hospedando. En la calle hacía un frío intenso, iba orando y caminando, hasta que pasaron varias horas y yo pensando que me estaba acercando al lugar lo que hacía era alejarme más y más. Poco a poco comencé a sentirme que me iba congelando.

Cuando ya eran la una de la madrugada me detuve en una esquina y oré intensamente al Señor, diciendo: «Si ha llegado el momento de partir contigo aquí estoy, pero no daré un paso más hasta que tú resuelvas mi problema, dependo de ti y de tu gracia totalmente». Cuando terminé de decir eso y rendirme por completo para esperar la intervención divina en mi vida, en ese mismo momento paró frente a mi un auto desconocido, indicándome con la mano el chofer que subiera, y me dijo: «te llevaré al lugar». Sin pensarlo dos veces subí al coche, y después de recorrer la ciudad por más de 30 minutos me llevó a la misma puerta de la casa en donde estaba hospedado. Se marchó sin decirme nada. ¿Cómo sabía ese chofer que estaba perdido? Y ¿quién le dio la dirección correcta de donde yo estaba hospedado? No tuve la menor duda que Dios envío a uno de sus ángeles para sacarme de aquellos barrios tan peligrosos en que yo, equivocadamente, caminé perdido en aquella noche de invierno fría, guardándome de no morir congelado, para que experimentara su cuidado personal para con mi vida.

taban. Me pidieron por favor que fuera a su casa para ministrar a la familia. Oramos por toda la casa y enseñamos al muchacho algunos principios sobre la guerra espiritual.

Por la descripción, estas criaturas eran indiscutiblemente demoníacas y muy reales para él. Antes de irme, sentí la necesidad de pedirle a Dios que abriera sus ojos como el criado de Eliseo, para que pudiera ver la ayuda angelical que él tenía a su lado. Dos días después, la madre llamó con noticias emocionantes. Habían ido a la iglesia a una actividad de los niños y se habían encontrado solos en el momento de la adoración.

El muchacho dijo a su madre que él veía a las dos criaturas que había visto anteriormente y estaban sentados en la plataforma, burlándose de él. Ella comenzó a orar en el Espíritu. Repentinamente, su hijo dijo:

—¡Mamá, todas las sillas (cerca de 400) tienen ángeles!

Ella oró más fervientemente.

—¡Ahora los ángeles los veo con sus armaduras y espadas desvainadas en sus manos y las criaturas tienen miedo y se está yendo! —decía él.

Más tarde, la madre y el hijo salieron del recinto de la iglesia y el muchacho le dice:

—Mami, veo una gran cantidad de ángeles que están viniendo con nosotros.

Usted puede imaginarse el gozo que esta madre traía. La familia estaba muy asombrada, como usted se puede imaginar, pero el muchacho veía el caso como normal.

Invité a la familia a una reunión de avivamiento y en la adoración el padre y el hijo vinieron. En el momento de más alabanza observé al muchacho inclinarse sobre su padre y susurrar algo, que alternadamente compartió la información conmigo. El muchacho dijo que la gente en el frente estaban danzando, y lo ángeles también lo hacían en medio de la gente. Ellos estaban celebrando juntamente con los santos. ¡Que bendición! Es innecesario decir que esto ha sido fascinante y maravilloso para que seamos parte de este tiempo glorioso de la visitación del Espíritu Santo. El muchacho joven continúa viendo ángeles y ha tenido una gran victoria sobre las malas

Ángeles enviados para protección en medio de la amenaza

Por José A. Zapico

En el año 1982, estaba con mi esposa en la República del Salvador, que por más de tres meses habíamos coordinado varias campañas para el evangelista Yiye Ávila. La situación en el país no era nada agradable, se vivían momentos de incertidumbre e inseguridad en todo el país. A pesar de todo se comenzó la campaña en el Estadio Flor Blanca, con una asistencia de más de 30.000 personas. Habiendo ya pasado uno cuatro días tuvimos una advertencia de parte de la guerrilla para que termináramos la campaña que estaba programada por tres semanas. A pesar de toda esta difícil situación, continuamos la actividad dependiendo totalmente de la protección de Dios. Esa noche en plena reunión, los terroristas colocaron bombas en varios lugares de la ciudad y en unas de las torres de iluminación del estadio. Al suceder una gran explosión quedó parte de la ciudad y todo el estadio totalmente oscuro. Ellos tenían planes malos contra nosotros al hacer esto. Yo me encontraba dirigiendo la actividad en la plataforma. En ese mismo momento comenzó el hermano Yiye Avila a orar junto a toda la multitud. Todos los allí presentes comenzaron a invocar y adorar al Señor. De repente muchos de los presentes vieron un ejército de soldados vestidos de ropas blancas y resplandecientes caminando por todo el campo de juego. Lo más maravilloso fue los dos ángeles de elevada estatura que muchos contemplaron, parados en cada esquina de la plataforma, con espadas encendidas en sus manos.

Hablar de la protección de Dios es sublime, como en nuestro caso que vivimos en El Salvador. Todos los planes de los enemigos de Dios fueron anulados, la campaña se realizó con más gloria y bendición. A los cuarenta y cinco minutos regresó la luz y fueron miles los que en esa noche y en todas las actividades aceptaron a Cristo como el verdadero Salvador de sus vidas.

La experiencia y protección de sus ángeles es mucho más intensa y extraordinaria cuando estamos envueltos en sus propósitos divinos. Por esta razón no dudamos que los ángeles del Señor acampan alrededor de aquellos que le temen y les defienden, tal como lo declara el Salmo 91.

Ángeles enviados para respaldar el llamado misionero y evangelístico.

Por Jose A. Zapico.

Cuando el Señor nos habló en el año 1985 para que nos estableciéramos en España para comenzar el trabajo misionero y evangelístico, oramos profundamente para que Dios nos dirigiera en todas las áreas.

Una madrugada antes de viajar para el viejo continente, tuve una visión que afirmó en forma convincente nuestro llamado. Veía en esa visión que llegábamos a España, cuando de repente estando con mi esposa Lidia, el enemigo se presentó delante de nosotros impidiéndonos avanzar sobre ese territorio.

En ese momento tomé la autoridad en el Nombre de Jesucristo, y alzando una de mis manos, veía que salía fuego de ella, cuando oí decir al diablo en forma de grito, mientras seguíamos marchando, ¡eso No! baja tus manos, yo no puedo resistir el fuego de Dios, cuando esto sucedía el enemigo comenzó a retroceder para atrás y caer. Mientras caminábamos, volvió otra vez a reincorporarse y a tratar de impedir nuestro avance.

Esto sucedió como tres veces, oré al Señor intensamente y declaré: «Encárgate tú de nuestro enemigo», cuando inmediatamente dije eso vi que descendieron del cielo dos ángeles celestiales de elevada estatura, con armaduras resplandecientes, en ese momento tomaron por un brazo al diablo uno por un brazo y el otro por el otro brazo, y lo lanzaron con una fuerza sobrenatural tan grande por los aires que no vi a dónde fue a parar. Después de esto se pararon uno al lado derecho de mi esposa y el otro al lado izquierdo de mí, quedando nosotros en medio de los dos.

Mirándome me dijeron: «Somos ángeles guerreros, y siempre estamos a vuestro lado para ayudarlos en cada batalla que afrontéis, y para que continúen marchando en el propósito de Dios».

¡Podríamos seguir compartiendo muchos más testimonios acerca de la realidad de los ángeles y su protección! mas esperamos que en medio de todo esto, tu vida sea conducida a experimentar esta verdadera realidad, solo cuando estés dispuesto a caminar en obediencia y fidelidad de Dios.

Muchas veces los ángeles vienen y participan de las alabanzas junto a los santos de la congregación. Pero a veces pasan inadvertidos y no se ven aunque estén allí.

Otras veces se dejan oír y ver. Vemos en estas experiencias que han dejado un impacto y un cambio maravilloso en la atmósfera espiritual.

Muchos sin saber hospedaron ángeles dice la Biblia. ¡Es sublime el cuidado sobrenatural de Dios hacia sus hijos! Si nos dedicáramos solo a recopilar testimonios reales de los ángeles, serían muchas las páginas a escribir, pero este no es el propósito de este libro, ya que se ha escrito mucho a cerca de esto. Solamente hemos querido compartir unos pocos.

Miremos otra cara de los ángeles: ¿En la imaginación o en el control? ¿Qué les parece?, siga leyendo este capítulo que le será de provecho para ampliar su conocimiento.

Vayamos primero a la parte más amena

No en todas las caras amorosas se esconde un ángel

Queremos comentar unas experiencias cómicas que son muy simpáticas.

Tenemos una amiga española en la Isla de Mallorca llamada Ica Soriano, que nos compartió una anécdota y creemos que será muy oportuna compartirla.

Estaba yo recién convertida cuando me sucedió esto. En aquel entonces trabajaba como azafata y en mis pocas horas libres me gustaba leer libros. Uno de los que leí era acerca de los ángeles y el tema me impresionó. Estaba muy impactada al leer que en ocasiones los ángeles pueden tomar forma humana.

Viviendo aun ese impacto del descubrimiento me tocó realizar un vuelo rutinario desde Dusseldorf Alemania, a La Palmas de Gran Canaria.

Sirviendo a los pasajeros me percaté de la presencia de una señora bastante mayor con un rostro especialmente dulce. ¡Al sonreír parecía...un ángel! Yo le sonreía amablemente, y la señora me miraba haciéndolo cándidamente, reflejando un amor sobrenatural. Mi corazón latía con fuerzas mientras pensaba: «¡Es el ángel que el Señor me envía para confirmar su Palabra!».

Me sentía la mujer mas feliz del mundo, pasando a cada momento por el lado de la «visita celestial» sonriéndole con mi mejor sonrisa y ocupándome de servirle en todo. Al avanzar el vuelo llegó la hora del servicio del almuerzo, ¡yo parecía volar dentro del avión por la felicidad que me causaba el pensar que podía estar sirviendo a un ángel! Todo fue hermoso hasta el momento de retirar las bandejas de la comida, mi sonrisa cambió a una expresión de desilusión; la señora tan dulce y angelical había sacado un cigarrillo de su paquete de tabaco y estaba fumando plácidamente. ¡Pobre señora! ¿Que habría pensado de esta azafata tan extraña que cambió su rostro al ver este percance tan drásticamente?

El mundo se moderniza: «El ángel digital» es más efectivo que «El ángel de la guarda».

La tecnología moderna está suplantando al ángel de la guarda. Hoy se está implantando un método que se ha probado por mucho tiempo en las mascotas. De los animales se ha pasado a los humanos, especialmente a los niños.

El «ángel digital» está alcanzando nuevas dimensiones, hoy se puede ver como algo necesario, ya que cada vez son más los ataques sicológicos que están recibiendo los padres, por los innumerables secuestros, robos y pérdidas de niños.

Ángela Jiménez, una destacada investigadora privada que ha colaborado con los reencuentros familiares en importantes programas de televisión como Sevsec, en Miami, Florida, Telemundo, Network, Noticias Univisión, Dallas, TX y más, nos reporta

«Según una estadística del departamento de estado, uno de cada tres niños, en los Estados Unidos, son reportados desaparecidos cada dos minutos. Esto indica que más del 50% de los niños son raptados por padres sin la custodia legal. En la mayoría, matrimonios mixtos, es decir, entre personas de distintas nacionalidades, idiomas y costumbres que ante cualquier dificultad tienden a volver a sus países de origen.

En la mayoría de estos casos los padres mueren sin volver a ver a sus hijos, ya que han sido llevados al otro lado del mundo por su excónyuge.

Me ha sido difícil lidiar con padres que experimentan la tragedia de tener un hijo desaparecido. Existe mucha indiferencia por parte de la prensa. Esto es probable que suceda porque las cifras de estos crímenes son menores, en comparación con otros crímenes violentos.

Se desconoce con exactitud la cantidad de niños desaparecidos. Podemos percibir la proporción del problema por la información que se ha publicado en muchos países. Las cifras de niños desaparecidos son alarmantes. Sobrepasan las decenas de miles, llegando a millones, como en los casos de América Latina».

Todo esto acrecienta las ofertas del uso del ángel digital. Veamos brevemente de qué se trata.

¿Un chip se convertiría en el ángel de la guarda?

Ángel Digital es el nombre del dispositivo creado por la compañía estadounidense Applied Digital Solutions (ADS). Según ADS «la comercialización del microchip en los países donde los secuestros son habituales, podría comenzar en cualquier momento. De hecho ya se firmaron acuerdos de distribución con seis países de la región» en Latinoamérica.

La compañía desarrolladora del chip, que opera a través de la red de Satélites de Posicionamiento Global (GPS), ha asegurado que la falta de privacidad no es un tema de preocupación, ya que el mecanismo sería activado únicamente por una persona autorizada para tal efecto, como algún pariente en el caso de clientes secuestrados. Según una nota de prensa de *Digital Angel*, cuando el chip se encuentre totalmente desarrollado, el chip diseñado para utilizar baterías que se recargan con el calor del cuerpo humano podrá llevarse en la muñeca mediante una banda elástica, escondido en alguna prenda de vestir o implantado entre los músculos del brazo, sin que esto reduzca su potencia de transmisión.

¿Cómo funciona exactamente el chip?

Este es un microchip que mide 3 milímetros cuadrados, el cual se implanta en el cuerpo del ser humano lejos del corazón, que protegido con una cápsula de silicona sirve para rastrear exactamente la ubicación de la persona. «Este microchip funciona como un teléfono celular y transmite un código de identificación que es un código único que se dirige directamente al aire, el cual es detectado por un satélite y un sistema llamado de posicionamiento global que ubica la persona en cualquier parte del mundo», han explicado expertos en el tema.

Seguridad

El Ángel Digital es un nuevo dispositivo electrónico capaz de transmitir señales a una red satelital de posicionamiento, que puede ser implantado bajo la piel y ayudar a encontrar a personas secuestradas, desaparecidas o extraviadas.

El procesador también permite hallar mascotas perdidas o ayudar a proteger la vida silvestre en peligro, rastrear artículos robados e incluso encontrar equipajes extraviados.

Un vigilante celestial

El Ángel Digital opera a través de la red de Satélites de Posicionamiento Global (GPS), lo que le permite rastrear a su usuario en cualquier punto del planeta con un margen de error de medio metro. En el caso de un ataque cardíaco, el chip podrá disparar una señal al satélite, que retransmitirá la posición precisa del individuo junto con la información médica necesaria a una estación terrestre. Un micro transmisor se encargará, entonces, de procesar la solicitud de auxilio a un equipo especializado de ayuda.

¿Qué nos querrá decir la sociedad actual con todo esto? ¿Es realmente un nuevo ángel el digital, en el cual podemos confiar? ¿O será nuestra sociedad más controlada detrás de todo esto?

Si algún día alguien con estos problemas se cruza en su camino, ya tiene el conocimiento de ayudarlo o extenderle la mano.

Recomiende este libro a toda persona que sin querer ha caído en la trampa del enemigo, así como todos aquellos que quieren conocer más de la gloria de Dios y de sus seres angelicales.

Animamos a todos los que no conocen al verdadero Dios que reciba a Jesús como su Salvador personal y recuerde que él nos dice en su Palabra «la verdad os hará libres».

«Nadie viene al Padre
si no es por mí».

— *Jesús*

Disfrute de otras publicaciones de Editorial Vida

Desde 1946, Editorial Vida es fiel amiga del pueblo hispano a través de la mejor literatura evangélica. Editorial Vida publica libros prácticos y de sólidas doctrinas que enriquecen el caudal de conocimiento de sus lectores.

Nuestras Biblias de Estudio poseen características que ayudan al lector a crecer en el conocimiento de las Sagradas Escrituras y a comprenderlas mejor. Vida Nueva es el más completo y actualizado plan de estudio de Escuela Dominical y el mejor recurso educativo en español. Además, nuestra serie de grabaciones de alabanzas y adoración, Vida Music renueva su espíritu y llena su alma de gratitud a Dios.

En las siguientes páginas se describen otras excelentes publicaciones producidas especialmente para usted. Adquiera productos de Editorial Vida en su librería cristiana más cercana.

Si quieres caminar sobre las aguas, tienes que salir de la barca

Cristo caminó sobre las aguas con éxito, si quieres hacerlo solo hay un requisito: *Si quieres caminar sobre las aguas, tienes que salir de la barca*. Hoy Jesús te extiende una invitación a enfrentar tus temores, descubrir el llamado de Dios para tu vida y experimentar su poder.

0-8297-3536-4

Liderazgo Audaz

Esta obra capta la experiencia de más de treinta años de ministerio del reconocido pastor Bill Hybels, que plantea la importancia estratégica de los dones espirituales del líder. *Liderazgo Audaz* le ofrece al líder de la iglesia local conceptos valiosos como son: convertir la visión en acción, cómo alcanzar a la comunidad, el líder que da lo mejor de sí, cómo descubrir y desarrollar un estilo de liderazgo propio y mucho más.

0-8297-3767-7

Nos agradaría recibir noticias suyas.
Por favor, envíe sus comentarios sobre este libro
a la dirección que aparece a continuación.
Muchas gracias.

Editorial Vida
7500 NW 25 Street, Suite 239
Miami, Florida 33122

Vidapub.sales@zondervan.com
http://www.editorialvida.com